未来は決まっており、自分の意志など存在しない。

心理学的決定論

妹尾武治

光文社新書

私には私の人生があり、ステファンにはステファンの人生がある。

しかし、私がステファンではないこと、そして、私が私であり続けていることは不確かである。

はじめに

この本はトンデモ系（藤倉珊《ふじくらさん》氏が提唱した概念で、信じがたいトンデモナイ内容の本）である。著者はこれまでに、心理学の知見を面白おかしく紹介する本を数冊書いてきた（『脳がシビれる心理学』『おどろきの心理学』『脳は、なぜあなたをだますのか』『ベクションとは何だ!?』など）。それらでは科学的な正しさをかなり優先してきた。

しかし、今回のこの本は著者の個人的思想を書きたいように書いたものであり、科学的に全く正しくない。科学として100％正しいものが読みたい人は読むのをやめて欲しい。

といっても世間に溢れる「心理学もどき」「心理学を語ったイカサマ」な本では全くない。個人の思想を諸々《もろもろ》の科学的、文献的根拠に基づいて書いている点で、ただのトンデモ系ではない。

いきなりの否定（読まない方がいい人もいるよ、という否定）で面食らわれたかもしれない。しかし一方で、この本には「トンデモなく面白いこと」を書いたつもりである。その思想が、とても突飛で面白いという意味だ。

私は、20年ほど心理学を学び続けてきた。心理学、脳科学、哲学、その他周辺領域を、世界でもトップレベルに学んだ自負がある。脳科学には逃げないし、哲学にも逃げたくない。あくまでも私は心理学者だ。

そんな筆者が到達した心理学的な仮説。私自身は真実だと思っているその「仮説」を紹介したい。

この世は全て事前に確定しており、自分の意志は幻影だ。

私はこの仮説を**「心理学的決定論」**と呼び、広く皆さんに紹介したい。信じない自由を皆さんは持っているし、多くの人は多分信じてくれないだろう。

著者は「サブカル大好きおじさん」である。この書籍では、不必要なまでにサブカル作品から事例を取り上げて紹介する。

著者のこれまでの書籍を読んでいただいている人にはわかることだが、真面目《まじめ》な学者ではなく、変なおじさんが語っているくらいに思ってもらえると幸いである。通底するのは、なるべく「今」を感じる教材にしたいという思いである。

そんな訳で、この本は科学本ではなく、読み物・フィクション・俗人の戯言《ざれごと》だと思って最後まで気楽に読み飛ばしてもらうのが、私の望みである。


心理学、生理学、脳科学、哲学、アート、文学、を横断して眺めた時に、繰り返し同じ結論、相似形の結論「心理学的決定論」が得られる。それらの領域を横断するエビデンスについて、整理された順序で紹介していく。全ての章を読み終わった時「心理学的決定論」をあなたは受け入れざるを得ないはずだ。

この到達点への道筋は心理学者である著者の独自のものであると思っている。私が歩いた道を、追体験していただけるようにこの本を著した。決して難しくないので、ぜひ楽しい心理学の知の旅に出て欲しい。

妹尾武治

目次

本文イラスト　サトウノブコ

第1章　自由意志と決定論と

1 - 1 意志に関する簡単な疑い

誰しも自分の行動は自分の意志でコントロールしていると直感的に思っている。あなたもこの本を購入し読んでいることは、自分自身の意志で決めたと当然思っているだろう。しかし、意志というものの存在はとても簡単に揺らいでしまう。

例えば今、右手を好きなタイミングで上げてみて欲しい。簡単にできたことだろう。自分の意志で自分の右手を上げた。そう思うのは当然だし、そこに疑問を挟むような人間は多少（とても？）生きづらいだろうなと思う。

しかし、「意志を意志する（意志のための意志）」という深遠な問題が、右手を上げるというごく単純な場面にすら見て取れる。どういうことか？

右手を上げる意志（意志1）を持つ場合、その意志を持つための意志（意志2）を持たねばならない。そしてその意志を持つためには、その意志を持つ意志（意志3）を持たねばならない。もし、意志が能動的なものの場合、意志を持つ主体が無限に後退していくのである（意志1、2、3、4……）。

能動的意志の無限後退という問題である。意志を持つ主体がある意味で消える、定義できなくなるのである。これはとても大きい問題である。

ちなみに、意志の無限後退と同じ構造の問題に「脳の中の小人」という考え方もある。自分が見ている映像があたかも、脳の中にある小さなスクリーンに投影され、それを小人が見て認識しているという考え方だ。この場合も、小人の脳の中にさらに小さい小人を想定することになり、無限に主観の主体が後退する。意志、知覚、いずれにおいても主体を探し始めると、見つからないのである。

もう一つ「右手を上げる意志」に関して、不思議で素朴な問題がある。それは、腕を上げずに腕を上げる意志だけを持つことができるのかという問いである。右手を実際には上げずに、右手を上げる意志だけ持つことは可能だろうか？

「できるよ」と気楽にお答えになる方も多いだろうが、その意志は本当に意志だといえるだろうか？　実際に右手を上げた時に持った（とされる）意志と、右手を上げずに右手を上げる意志はどこまで同じだろうか？

考えれば考えるほど、変な気持ちになるだろう。そして多くの人は、そのような意志は持てないことに気がつくだろう。もちろん、中には「いやいやその二つの意志は全く同じだよ」と思う方もいるだろう。そういう方は、その二つの意志が同一であることを私や、他の人に納得させられるように説明してもらいたい。そうすることで、この二つの意志の同一性の証明、そもそも意志の言語化が難しいことに気がついてもらいたい。

哲学者ギルバート・ライルは、身体に依存せずに心が存在し得ないことを指摘している。体を動かしたり、体で表現したりしなかった場合、意志を表出することも、自覚することもできないという意味である。心が存在しているとすれば、それはモノではない。心と呼ばれているものは実は行動のパターンのことであると彼は指摘する。「優しい」という概念は概念として可能かもしれないが、それが存在する時には必ず優しいと呼ばれる行動パターンを取って現れる。心の実態は行動、ないしは潜在的な行動である可能性がある。この考えを**哲学的行動主義**と呼ぶ。

確かに、行動抜き、身体抜きに「優しい」はありえないだろう。意志も、行動とセットでなければ、成立しないのではないだろうか？　皆さんはどう思われるだろうか？　「いやいやセットじゃないよ！」と思われる方は「優しさ」を行動以外の方法で表出して、第三者に「優しさ」を感じさせることに挑戦して欲しい。果たしてできるだろうか？　例えば「優しいまなざし」にも見つめるという行動が伴っている。

このような問いを立てると、意志というものが非常に漠然としており、全くわからなくならないだろうか？　意志が、行動や身体から切り離されると、その瞬間に訳がわからなくなるのである。果たして意志とはなんなのだろうか？　そして意志をコントロールしていると思われる、我々の意識とは一体なんなのだろうか？

この本での意志と意識の違いについて簡単に定義する。

この本でいう意志とは、我々の行動を自分自身で制御するために、脳内に生じる自分自身の意図のようなものということができる。一方で意識とは、より広範な脳内の活動を指し、行動、認知、思考、記憶、感情、睡眠、欲求などを制御する「自分自身の脳の働き」くらいの意味合いで理解してもらえたら幸いである。

ただし、意志も意識も、厳密に定義しようとすれば、それは非常に難しく、哲学的になってしまう。この本は学術書ではないので、前記くらいのアバウトな理解で読み進めていただくのがよいと思う。

意識とは誰しもが自然にそこにあると思っているが、それをきちんと説明しようとすると、誰にもそれができないものなのだ。アメリカの著名な心理学者ウィリアム・ジェイムズ(William James、1842〜1910)という人物がこの点については、今から100年以上も前に指摘している。

実際に皆さんも、自分自身で自分の意識とは何か? について説明ができるかどうか挑戦してもらいたい。平たくいえば「意識とは何か?」をきちんと定義できるだろうか。そして「それ(意識)が一体なぜ生じているのか?」について解説ができるだろうか。

答えからいってしまうと、この問題は実に100年以上にわたって、なんら解答らしいものが出てきていない。21世紀の圧倒的な科学の躍進にもかかわらず、我々は「なぜ意識というものがあり、それがどのように意志を生んでいるのか?」について明確な答えはもとより、それをどうすれば解明できるのかという方法論すら持ち合わせていないのである。

１-２　リベットの実験から

意志、特に自分自身の行動を自分で制御している意志のことを自由意志と呼ぶが、これについての面白い研究がある。**リベットの実験**である。

ベンジャミン・リベットは、１９１６年に生まれ、シカゴ大学の医学部に学び、後にカリフォルニア大学の生理学・神経学の教授になった人である。私は彼こそが、心の世界におけるコペルニクス、ダーウィン、アインシュタインに相当する重要な人物だと思っている。

リベットは、人間の被験者に椅子に静かに座ってもらい、好きなタイミングで手首を曲げてもらうという課題を行わせた。被験者は完全に自分が好きなタイミングで手首を曲げる。ただし、あまりにも長い時間手首を曲げない被験者がいると困るので、制限時間を6秒以内とし、その間で好きなタイミングで手首を曲げてもらった。もちろん、6秒以内に手首を曲げたくなかった場合には曲げない自由もあった。

この時、被験者の眼前には、時計のようなものが置いてあった。この時計はオシロスコープという当時のコンピュータ制御のディスプレイのようなもので作られており、画面に光の点滅が現れるテレビのような機具である。

このオシロスコープの中で、時計の円周上を光点がぐるぐると回っていた。普通の時計は60秒で一周するが、この特別な時計ではわずか2.56秒で光点が一周する。

図1-1　リベットの実験の様子

被験者は、自分が自由意志で「今から手首を曲げよう！」と思った瞬間に、この時計を見て、光点が時計の円周上のどの位置にあったかを正確に覚えておくように依頼されていた（図１－１）。

リベットはこの課題を行っている被験者の頭頂部に電極を付け、彼らの脳波も同時計測していた。頭頂部の脳部位は、体の運動に関連する脳波が計測できる。この脳部位は、手を動かす前後に実際に活動し、それが脳波となって現れる。さらに、運動を司《つかさど》る脳波は、実際に腕や足が動き始める少し前に出始めることが知られている。これを「準備電位」という。手首を曲げた時に、この準備電位がどのくらい前に出ていたかを調べたかったのである。

図 1-2　ベンジャミン・リベット

その結果、準備電位（脳波）は、手首が動き始める550ミリ秒（0.55秒）も前から出ていることがわかった。脳が手首に指令を送ってから、実際に手が動くという順序は、直感通りであり、脳波が運動に先んじて生じていることはなんら驚きではない。

次に、手首を動かす意志を持ったのはいつだったのだろうか？　これを明らかにすることで驚くことになる。

被験者は、意志を持った瞬間の光点の位置をしっかりと記憶し、手首曲げを行った後にリベットに口頭で報告した。そこから導き出された、被験者が意志を持った瞬間は、実際に手首が動き始めた瞬間よりも200ミリ秒先んじていた。準備電位は手首の動きよりも550ミリ秒先んじていたから、550から200を引くと350、およそ0.35秒、意志よりも準備電位が先んじていたことになる。

つまり、まず脳が無意識に動きだし、その後、動かそうという意志が形成され、最後に実際に手首が動くというのが、正しい順序だったのである。意志が形成されるよりも先に、脳は動いているのである。


リベットはこの実験を自分自身で何度も繰り返しており、追試に成功している。他の心理学者も追試を繰り返し、その度に、同じ結果が得られている。さらに、近年のより精度の高い実験装置を用いても同じ結果が出ることもわかっている。

意志が生じるよりも先に脳が動いているのだ。

実は、リベット以前にもスポーツの世界ではなぜ剣道で素早く面が打てるのか？　とか、野球で150㎞の速球を打てるのがなぜなのか？　についてはわかっていなかった。

面を打とうと思ってから打っていたのでは、実際には間に合わないのだ。150㎞の速球が投じられて、ホームベースに届くまでの時間では、ボールを見て打とうと思ってからバットを振り始めても間に合わないのだ。だからスポーツでは、反復練習で反応速度を高めている訳だ。

しかし、いくら反復練習で反応速度が上がったとしても、やはり、意志を持ってから動き出したのでは間に合わないことがわかっていた。視覚情報の処理に基づいてから、行動の意志を持ち、それに基づいて身体を動かし始める、では絶対に間に合わないのである。

これは、脳の細胞（ニューロン）の間を電気信号が伝わる際にどうしてもかかってしまう連絡時間から判断して無理なのだ。

さらに意志が言語化できるものならば、ボールを打つことを言語化していたら（例えば「高めストレートで打ちごろだぞ！　よし！　コンパクトにミートしよう！」のように）、とても間に合わないであろうことは、皆さんも簡単に想像がつくはずだ。言語的に浮かび上がる意志を持つとすれば、当然間に合わない（意志とは言語以前のものなのか？　これも難しい問題だ。言語化できない判断は、意志がないものなのか？　今はとりあえずこの問題は置いておきたい）。

ではなぜ実際に、スポーツではそれらが成し遂げられているのか？　答えは単純だ。剣道で面を打つ、野球でボールを打てるのは、体が先で意志が後だからなのだ。意志とは後付けの錯覚なのだ。意志を伴わず、勝手に体と脳が先に動くのだ。打った後に、「打とうと思った」という意志が幻影のように生まれるのである。

「ゾーン」という言葉を聞いたことがないだろうか？　ゾーンとは、圧倒的に高いパフォーマンスが引き起こされる時の心理状態のことを指す（特に一流のスポーツ選手で報告事例が多い）。

このゾーンは、意識して再現ができないものだといわれており、言語化しづらく、自分でなろうと思っても、なかなか自由自在に操れない。これもやはり意志ではなく、無意識的な身体こそが重要であるようだ。意志以前に人間を無意識的に動かしているなにがしかがあり、そこにリベットの実験と何かしらの共通性がある。そして、そのなにがしかとは「身体と環境との相互作用」のことなのだが、これについては後に詳しく説明したい。

ここで注記がある。リベットは自由意志を完全に否定したかというと、厳密にはそうではない。リベットはFree Will（自由意志）は否定したが、Free Won't（自由否定）は否定していない。つまり、何かを行わない自由は人間にはあるというのだ。

例えば、手首を上げることを自由意志では、選択していないとしても、手首を上げないという Free Won't ならば、人間は選択できるではないか、というのである。

この自由意志と自由否定の問題は哲学では現在も論争があり、非常に難しく深遠な問題なので、この本では紹介のみとなるが、興味を強く持った読者の方は「自由否定」でまずは検索してもらいたい（わかりやすい推薦図書として『哲学入門』戸田山和久著を挙げておく）。

1-3　決定論

意志は自分の行動に影響を与えない。それならば、我々の行動は全て環境との相互作用で決まっているのか？　つまり、全ては事前に決まっているのか？

情報さえ揃えば、未来は確定する。未来が自由で未確定だと思うのは実は誤解であり、全ての情報を手元にした存在にとって未来は全て確定済みであるという考え方がある。**「ラプラスの悪魔」**という考え方である。

例えば、ボールを遠投する場合、ボールの落下地点は、投げた人の腕力や、投げ方、その日の風など、様々な周辺情報が全てあれば、かなり正しく推定することができる。情報さえあれば、我々は未来を正確に予測できる。ボールを投げた瞬間に、落下地点という未来は確定しているのだ。

我々の行動も、周辺情報が十分に揃い、それを解析すれば、一意に定まるのではないか？その日の天気、親などの周りの人物との過去の履歴、本人の生い立ち、そういった情報が全て揃うなら、その日にその人物がどこで何をするのかが予測できるのかもしれない。だとす

図 1-3　私たちの感情や行動は、雲の表情と同じ？

れば、その人物の未来は、事前に確定していたといえるのだろうか？

雲は、うろこ雲や積乱雲のように季節や気候によってその形（表情）を変える。偏西風や海温、風の強さなどがわかれば、雲やその日の温度、天気は十分に予想できる。現在の天気予報は、20年前に比べて圧倒的に当たる。未来の天気は、過去によって確定されていたといえるようなレベルである。

私たちの感情や行動も、雲の表情のようなものではないのか？　その人を取り巻く環境という変数を網羅して入力して計算すれば、その人の行動や感情を十分に予想できるのではないか？

雲の表情は、人間でいうところの感情的表情であるかもしれない。うろこ雲は怒り、積乱雲は喜びのように雲の形が予測できるのと同じ方法で、情報が揃えば、その人物が怒るのか？　喜ぶのか？　は事前に決まっていたといえるのだろうか？

美味《おい》しいパンが大好きな人物に、デパートで買った高級パンをプレゼントするとする。実際にその人物は、パンをプレゼントされて大喜びした。この大喜び、という未来の行動は、どの時点で決まっていたのだろうか？　パンが好きだという情報さえあれば、パンに喜ぶという未来をより高い確率で固めることができたはずであり、プレゼントとはまさに未来を情報から固める行為である。

もちろん、未来を外す可能性もあったはずだ。例えば、プレゼントを渡す直前にその人物がランチバイキングで目一杯、美味しいパンを食べていたりした場合、満腹すぎて喜びが陰ることもあるだろう。

しかし、それも事前に電話して、食べ放題に行っていたという情報をつかんでいたら、あまり喜ばないという未来の確率を事前に予測できたことになる。

情報さえあれば、未来は固まる（情報をもとに、未来の予測精度を極めて高い状態にまで持っていけるという意味）のである。

ただし厳密には、予測精度が十分に高いことと、未来の事前確定は同一ではないし、因果関係ではない。全てが99・９９９％の精度で予測できたとして、それは厳密には未来の事前確定と同義、同一ではないことは注記しておく。ちなみに、私の大好きなアメリカのドラマ『WESTWORLD』のシーズン３では、この精度の高すぎる未来予測と決定論・未来の事前確定が主題になっている。ぜひご覧いただきたい。

人生ゲームをやったことがある人は、あの盤上に広がる面白い時間を知っていると思う。人生ゲームが面白いのは、まさに自分自身の人生を短時間にバーチャルに体験できるからである。お金持ちになったら嬉しいし、一位になったら誇らしささえ生まれる。しかし、ルーレットの数値に何が出るのかは、事前に決まっていた「偶然」だ。

もちろん「株券を売る」とか、止まったマス目の職業につかないとかの、プレーヤーの選択（意志）がルーレットを回すこと以上に介在するイベントも、人生ゲームには存在する。しかし、あのゲームを支配しているのはほぼ事前に決まっていた「偶然」であると私は思う。それは人間の意志が介入できない運命だ。天気の決定に人間が介入できないことと同じだ。

そういう意味で、人生ゲームの全ての行程は、事前に決まっていたと私は考える。そして、我々の自分の人生も、人生ゲームのような決まった行程であり、その全て確定した世界に対して、幻影として自分の自由意志で決めたと思う人生の機微に、一喜一憂しているだけなのではないだろうか？

人生ゲームに一喜一憂している子供に幼さを見出《みいだ》すならば、我々が自分の人生に一喜一憂している様もまた、滑稽なのではないだろうか？

このように、全ての行為が事前に決まっている、という考えを哲学では決定論と呼ぶ。私は、現在の心理学はこの決定論を受け入れるべきだと思っている。我々は環境との相互作用で、オートマチックに行動しており、そこから生まれる感情も全て事前に決まっていたと考えるべきなのだ。

我々に自由があると思うのは、情報不足ゆえの錯覚であり、間違っているのではないか。我々は、環境、つまり世界の奴隷である。心理学を学んだ結果、私はこの心理学的な決定論を受け入れざるを得ないと感じている。

これは、いわゆるハードな決定論というもので、実際にはソフトな決定論（＊1）や、リバタリアニズム（＊2）のような考え方もあり、私の主張こそが絶対的に正しいのかどうかには疑問を唱える人も多数いる、ということには触れておく。

1　自由意志と決定論の両立論：環境との相互作用という自己コントロールによって生まれた必然的結果と、それらとは無関係に避けられない、いわゆる「宿命」との差はある、という見解。
2　自由意志と決定論が両立しないことを認め、非決定論から自由意志の存在を唱える立場。

天文学が進歩したことで、人間は毎朝太陽が昇るという情報を得た。これによって、明日の朝にも太陽が昇るという不確定だった未来が確定した。情報で未来を確定させたのだ。一方で古代の人類は、毎朝昇ってくださった太陽を崇めて感謝した。未来が確定していなかったからである。だから日食を世界の終わりだと怯《おび》えたのである。情報不足によって人間にとって一見未確定な未来も、その実、全て「決定」しているのだ。

1-4　恋愛も脳が勝手に決める

日本一、否、世界一の心理学者だと私が思っている、下條信輔教授の実験を紹介したい。

下條先生は、過去に東京大学で教鞭を執られ、現在はカリフォルニア工科大学で心理学を

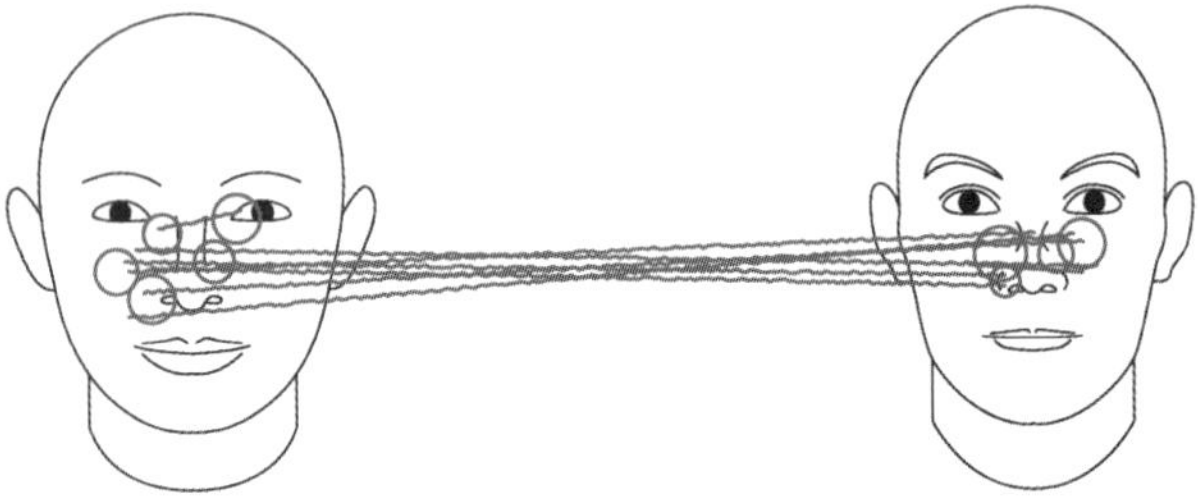

図 1-4　下條らの視線停留の計測実験の様子

Shimojo, S., Simion, C., Shimojo, E., & Scheier, C. (2003). Gaze bias both reflects and influences preference. Nature neuroscience, 6(12), 1317-1322. に基づいた資料を改変の後に転載。

教えておられる。

彼の実験では、パソコンの画面上左右に2人の女性の顔が同時に提示された。被験者は、二つの顔を自由に眺めて、いずれの女性がより魅力的か？　という判断を意識的にして、それを決めたら、左右に対応するボタンを押しわけて答えた。

この時、眼球運動の計測装置をつけておき、被験者がどこを見ていたのかをずっと記録しておく。その結果、意志決定の数秒前から、眼球の動き方が偏ることが明らかになった。より好きだと思う方の画像へ、視線の停留時間が増えるのである（ちなみに、好きだから沢山見ているのか、沢山見ているから好きになるのか〈単純接触効果〉いずれなのかについては、この実験からだけではわからない）。

この偏りの程度を数学的に処理すると、目線の偏りだけからでも、最終的にどちらを選ぶのかが、意志決定のボタンを押す数秒も前から、高い精度で予測できる。

つまり、人間の好き嫌いという意志決定であっても、目線がある場所という情報が十分にあれば、本人の意志よりも先に、第三者がその人物の選択、つまり「未来」を確定的に予測することができたのである。

情報さえ手に入れれば、未来は意志よりも先に確定されていることがわかる。ラプラスの悪魔は、人間の好き嫌いにまで当てはまりうるのだ（ちなみに下條らは、一方の女性画像に強制的に視線を向けさせると、その女性を選ぶ確率が上がる、選好判断にバイアスをかけられることも報告している。外から行動を操ることで自由意志を操れるのである）。

もう一つ、意志よりも先に体が反応していることを明確に示す実験を紹介する。アイオワギャンブリング課題という実験の例だ。

2005年に「トレンズ・イン・コグニティブ・サイエンシーズ」という一流の学術誌に掲載された実験では、被験者は四つのカードの束の山（A、B、C、D）から一枚ずつカードを引く。カードには、賞金ないしは罰金の額が記載されている。

AとBの山は危険な山で、賞金額は100ドルと高額だが、10枚に一度1250ドルもの罰金が取られる。CとDの山は、賞金額が50ドルと少ないが、罰金も10枚に一度の割合で250ドルとなっている（図1‐5上）。

つまりAとBはハイリスクハイリターンで、総合的に判断すると損をする山であり、CとDはローリスクローリターンだが、総合的に判断すると得をする山である。

被験者は四つの山から自由にカードを引き続けていく。すると80回もカードを引いた頃には意識レベルで「A、Bは危険でC、Dは安全」ということがわかる状態になり、実際にほとんどC、Dからカードを引くという行動が形成される。

意識レベルで明確に理解するより以前、50回引いたあたりからいわゆる「勘」で、A、Bは危険、C、Dは安全ということがわかってくることが、被験者への調査で明らかになっていた。

ここで面白いのは、実際にA、Bの山からカードを引くという行動が減っていたのは、カードを40回程度引いたところからだった点だ（図1‐5中央）。つまり、勘で気がつくよりも10回程度は早く、実際の行動が先んじてA、Bを避け始めていたことが記録されていた

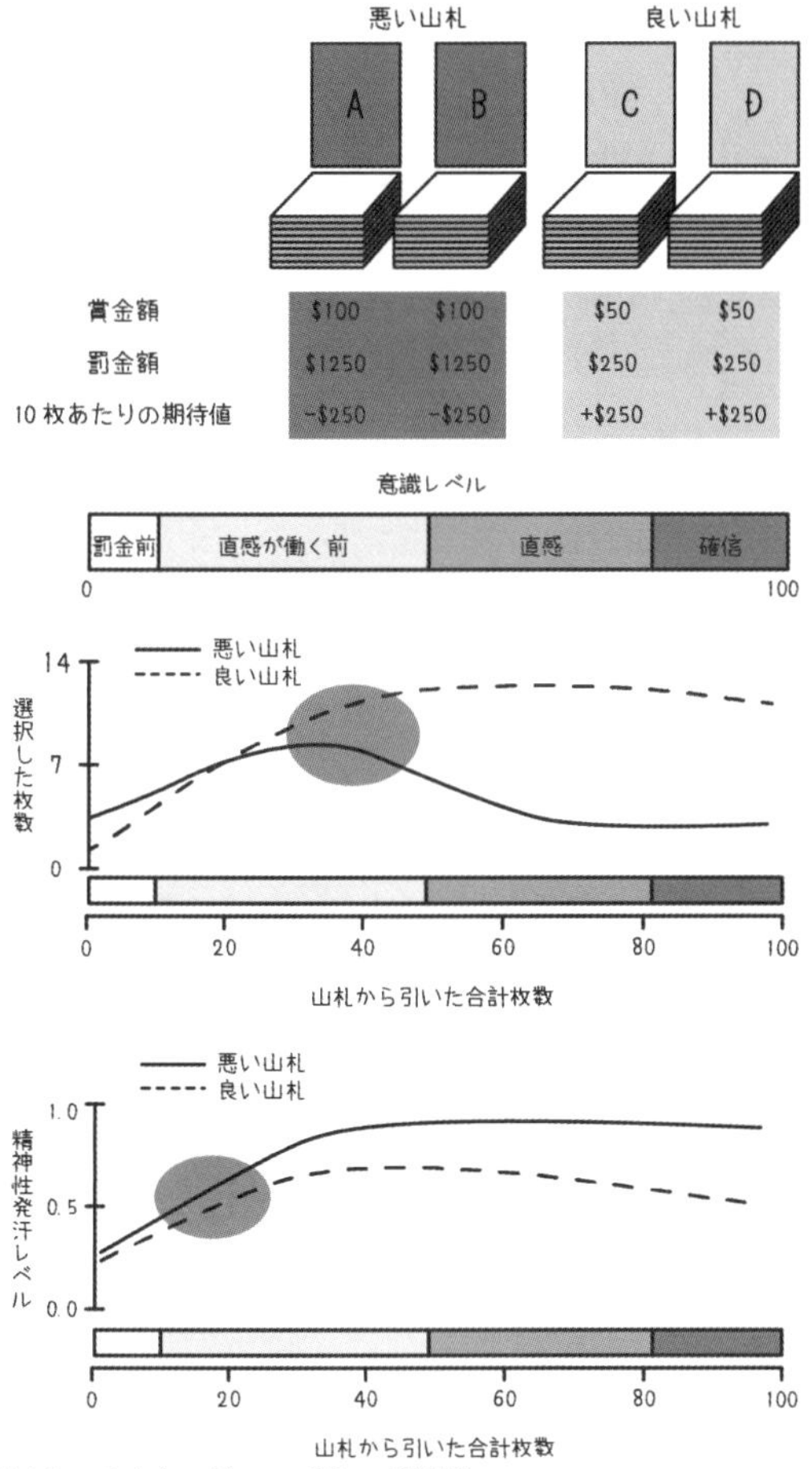

図1-5　アイオワギャンブリング課題

いずれもBechara, A., Damasio, H., Tranel, D., & Damasio, A. R. (2005). The Iowa Gambling Task and the somatic marker hypothesis: some questions and answers. Trends in cognitive sciences, 9(4), 159-162. に基づいて改変の後に転載。

のだ。

さらに面白いことに、この課題をしている時に手から出ている精神性発汗を記録すると、汗の量は、カード引き行動が20回以下の段階で、A、Bの時にC、Dに比べて有意に多くなっていたことがわかった（図1‐5下）。

精神性発汗とは、緊張時に増えるものであり、いわゆる「手に汗握る」という状態を示している。つまり、勘でうっすらわかってくる50回目、行動レベルで避け始める40回目、よりもさらに20回以上も早い段階で、A、Bからのカード引き行動に体は緊張を示していたのである。

簡単にまとめるならば、意識よりも勘が早く、勘よりも行動が早く、行動よりも精神性発汗つまり身体が早く危険に気がついていたのである。意識は身体からの無意識の声を拾い上げて、最終的に「意志」（つまりA、BではなくC、Dを選択するという判断）を変化させたのである。

これらの実験は、リベットの実験結果ととても類似している。つまり、意志や意識というものが、後付けで「最も遅く」、身体や脳がそれよりも先んじているということだ。脳、身体の情報が十分に高められ、最後の最後で「意志」で決めたという幻想が生まれるのである。

スーパーに行き、食器洗剤売り場に多種多様な商品がある中で、何となく「これにしよう！」と思って、特定の商品を手に取る。その選択はどこまであなたの「意志」で決めたといえるだろうか？　その日までにＴＶで見た宣伝が無意識にあなたの行動を決めていたのではないだろうか？　外界からの刺激になんら影響されずに意志のみでその洗剤に決めたといえるだろうか？

「シ」で始まる４文字の動物を思い浮かべて欲しい。「シ〇〇〇」。何を考えただろうか？　もしあなたが「シマウマ」を思い浮かべたなら、そのシマウマの選択はどこまであなたの意志によるものといえるだろうか？

実はこの本の11ページに、なんの脈絡もなくシマウマのイラストが描いてあった。本を順番通りに読んでいる読者の方なら、先にシマウマを見ていたのである。その先行した経験が、あなたの判断を規定していたのだ。

こういった現象を心理学では「プライミング」と呼ぶ。あなたが自分自身で行っていると思っている判断も、実際には先行する外界からの刺激によって縛られているのだ。

1-5 決定論が正しいのか？

枯葉が落ちる、ナメクジが光の方とは逆に這っていく（負の走光性）、猫が顔を洗う、あなたがこの本を読む。**意志があるのはどこからだろうか？**

多くの人は、枯葉が落ちることに枯葉の意志を感じない。そしてほぼ全ての人は、自分の意志でこの本を読んでいると思っている。猫の行為については、意志があると思う人がおそらく多数派になるだろう。そして、ナメクジの例はその中間に位置しているといえるだろう。

では、意志の有無の線引きはどこにすればいいのだろうか。どこに線引きをしたとしても、人間としての自分の恣意《しい》性が生まれるのではないだろうか。人間の行動だけに意志があると考えるのもおかしいし、猫に意志があるかどうかを恣意性なく、決めることなどできない。

アインシュタインは$E=mc^2$で有名な、光速度不変の法則という物理法則を提唱した。この世界の全てに当てはまるからこその物理法則である（物理法則の完全性、自然・世界の数式化の徹底、そして完全性への過信は科学至上主義ではある。しかし、ここでは一旦完全なる数式物理法則が世界を統《す》べているという前提で話を進めたい）。

では人間の持つ（ひいては万物が持っていることになるのだが）意識や意志にも、このような説明可能な物理法則はあるのだろうか？

現時点での科学は、この物理法則を定義できない。しかし、いつの日かそれが生まれたとしよう。その時この物理法則は、世界の全てに当てはまるはずである。光速度不変の法則と同じである。

であれば、意識や意志は世界の始まりである「ビッグバン」と同時に生まれたはずとなる。人間が生まれた段階で、急にこの物理法則が世界に事後的に追加されたと考えるのは変だからである（例えば、ゲームアプリに課金して機能をアドインするかのように）。世界の全てに当てはまる法則であるならば、それは世界の誕生と同時に機能し始めるべきだ。

アインシュタイン以前から光速度不変の法則がこの世界にはあった。これと全く同じで、人間が意識や意志に気がつくよりも前から、意識と意志の法則は世界にあったはずだ。

このように考えると、枯葉が落ちる「行為」にもなんらかの意識や意志の法則は成り立つのではないだろうか？　実は、意識とは段階的なものであり、人間特有のものではないのではないか？

枯葉が落ちるのも、あなたが本を読むのも、意識のある行動であり、そこには質的な違いはない。ただし、なんらかの意識の量的な違いはありそうだ。

後章で説明するが、最新の心理学では、枯葉の意識と人間の意識の違いとは、情報の変換の複雑さの違いでしかないのでは？　という考え方がなされている。

魚には痛覚がないなどと考え、魚だけは食べるという菜食主義の方たちを「ペスカタリアン」と呼ぶが、我々日本人のように魚に愛着を強く持つ人種から見ると、彼らの線引きはなんだか恣意性が高く違和感を覚える。

最新の心理学の見地からすれば、「どこから食べる」という線引き自体が恣意性を含んでいることになる。なぜなら万物にはレベルの違いこそあれ、意識があるからである。

人間にだけ意識と意志の法則が成り立つと考えるのはおかしい。意識の法則は万物に成り立つ必要があり、それならばビッグバンからその法則はあったはずだ。そうであれば、先ほどの線引きは、線を引くこと自体がおこがましく、間違っていることになる。線引きをしないことで、人間の恣意性は消え、より客観的で正しい見方ができるのだ。

意志や意識には脳が関係していると考えるのは止めよう。**「意識は万物にある」**。本書の思想（心理学的決定論）の大事な要素であるので覚えておいて欲しい。

人間だけが自分の行動を意志や意識で制御していると考えるのは間違いなのだ。それを痛感する例として「脳の暴走としての犯罪」について次章で考えてみたい。我々は脳から自由になれない、そして決定論からも自由になれないのだ。

本書では、まずリベットの実験を通してこの心理学的決定論を提案したのだが、これ以降、心理学のみでなく脳科学、生理学、ＡＩ、哲学、アート、文学を横断的に見る中で、この発想の相似形を繰り返し提示していきたい。

「確からしい結論」としてこの説を受け止めざるを得ない状態にまで皆さんを追い込みたい。

余談　過去へのタイムスリップは不可能？

タイムマシンのパラドクスに「親殺しのパラドクス」というものがある。タイムマシンで自分が生まれる前の時代に行き、自分の親を殺せば、自分はこの世に生まれてこない。そうなれば、過去に戻った自分の存在が消えてしまう。であれば、親を殺すことも成就しない――。こういうパラドクスである。

大好きな映画『バック・トゥ・ザ・フューチャー』では、過去に戻った主人公マーティが20代の頃の自分の母親から恋こがれられてしまい、父親との恋愛が始まらず、マーティの存在が消えかけるというようにストーリーが展開する。つまり親殺しのパラドクスを主軸に据えたストーリーになっているのだ。

実は自由意志がない、世界は事前に全てが決まっているという決定論は、この親殺しのパラドクスを解決してくれる。つまり、過去は変えられない、過去へのタイムスリップはできない。全ては決定していることだから、過去を変えられるという前提がそもそも間違っているのである。

未来へのタイムスリップは、それ自体が決定論で決められていたことと考えれば、決定論との矛盾は起こさない。それと同じで、決定論がこの世の絶対法則ならば、過去への時間旅行は絶対にできないという結論が論理的に正しくなるのではないだろうか。

アインシュタインの相対性理論では、未来への時間旅行は論理的に可能であることが示されている。具体的には、光速に近い速さで移動できれば未来へ行ける。ないしは、ものすごい重力下で時間を過ごしても未来に行けることが科学的に証明されている。

例えば、ブラックホールの近辺をグルグルと回ることができれば、はるかな未来へと行ける。また、光速で１時間移動して、地球とどこか遠い架空の惑星を往復できたとする。光速で移動すると、流れる時間がとても遅くなる。そのため、１時間の移動中に、地球上では何倍もの時間が過ぎている。わかりやすくするために、地球上では１年の月日が経っていたことにすると、この場合、惑星への旅行者は、１年後の未来の地球に戻ってきたことになる。

１時間で１年後の未来に到達できるとは、タイムマシンと同義なのだ。

一方で、相対性理論では過去へのタイムスリップは証明されていない。むしろ、現状の科学的な結論では、それは無理だとされている。これはもしかすると、世の全てのことは事前に決められているとする決定論が正しいことを示唆しているのかもしれない。

過去を改変しようとしても、結局同じ運命に収束するという考え方は、アニメ『魔法少女まどか☆マギカ』でとても秀逸に描かれている。主人公の死という未来を改変しようとして、過去を改変しても結局一つの運命に収束し、変えることができないというテーゼがこのアニメでは描かれている。

「世界線」という概念がある。この世には、複数の世界線がパラレルに存在している。ある世界線では死んでしまう人物であっても、別の世界線の上では生き残っていることがある。フィクションの世界では、過去を改変することで別の世界線に自分の人生を移すことができる。

『ドラえもん のび太の魔界大冒険』では、「もしもボックス」によって、現実世界とパラレルに存在する魔法が使えるという世界線に移行する。

後半に、のび太とドラえもんはもしもボックスで世界線を元に戻すことで自分たちの平和を手にするのだが、魔法が使える世界の世界線での平和も取り戻す必要があることに気がつく。ドラえもんとのび太は、二つの世界線における平和を求めて、大魔王を倒すことを目指すのだ。

ちなみに、ドラえもんでは、のび太の子孫セワシが、のび太の結婚相手をジャイ子からしずかちゃんに変えるために未来からやってくるという第一話が有名だ。しかし、結婚相手が変わることで、セワシは生まれなくなってしまうので、セワシは自分を消すために、未来から来たことになってしまうというパラドクスが存在する。

セワシは「東京から大阪に行く方法は、一つではないから、結婚相手を変えても、結局は同じ場所（大阪）に行き着くから、自分は消えない」のような説明をするのだが、ずいぶん無茶なことをいっているように思える。この辺りから、セワシはなんらかの事実を隠蔽《いんぺい》しつつ、のび太を騙していると考える学派もあるようだ。

そもそも、ジャイ子は剛田武のあだ名であるジャイアンの「ジャイ」を使った名を、なぜか正式な名前とされている。本名は萌子だとする説もあるが、原作には明記されていない。

ジャイ子が本名だとすれば、ジャイアンの方が実は後から決まった可能性が指摘できる。「ジャイ子のアンちゃん＝ジャイアン」説である。

一見すると地味な存在である、ジャイ子。ジャイ、という名前にはありえない音、そしてなぜか妹の名前をベースに兄のあだ名が決まっている。そもそもセワシが未来から来たのもジャイ子との結婚をなかったことにするため。全ての始まりに存在するジャイ子。このようにジャイ子の周辺は、非常に香ばしい。

ゲーム、アニメの『STEINS;GATE《シュタインズ・ゲート》』はこの世界線の概念を用いた作品の最高峰である。この作品では、過去を改変し、世界線を移ろわせ、全方向的なハッピーエンドという正しい世界線を目指して、過去を右往左往する主人公が描かれる。主人公（プレーヤー）としての、ヒロイン（恋愛対象）の選択と世界線の選択が同時に起こることで、ゲーム性を高めた手法は特筆に値するだろう。未見の方はぜひ見てもらいたい（世界線の選択とヒロイン選択を重ね合わせた初出の作品は『涼宮ハルヒの消失』〈２０１０〉における長門ルートと涼宮ルートの主人公による選択なのかな？　と思っているが、正確にはわからないので、今後研究したい。非常に秀逸な映画なのでこちらもぜひご覧いただきたい）。

ちなみに、「世界線」という言葉は長年一部のアニメヲタクのみに定着した言葉であったが、２０１９年にOfficial 髭男 dism が〝Pretender〟内で歌詞として用い、多くのおじさんとおばさんを混乱させていたことが記憶に新しい。今や、市民権を得た言葉であると思われる。

第二次世界大戦は止められたのか？

第二次世界大戦はどうすれば止められたのか？　と考えたことはないだろうか？　例えば、東條英機がいなかったら戦争は止まっていたのか。２・２６事件を未然に防いでいたら、大戦を止められたのか。第二次世界大戦のない世界線にはどこのタイミングで何をすれば、移行可能だったのだろうか。

司馬遼太郎が日露戦争を描いた『坂の上の雲』では、まさにその坂の上の雲という表現で、日露戦争、ひいては第二次世界大戦に向かわざるを得なくなる、日本の歴史的な流れを端的に表現している。

坂の上の雲とは、実在しない何らかの理想国家のことだった。坂を上ることでつかめると思っていたが、当然ながら雲はつかめないものである。一等国の仲間入りをして、ある意味で坂を上りきったことで、日本は「雲」（何らかの圧倒的な理想国家）はつかめないというその事実に直面した。そして、日本は軍国化していき、大東亜共栄圏という行き過ぎた理想をつかもうとする。

司馬遼太郎が描いた歴史の流れは、ある種不可避的・不可変的であり、一個人、例えば東條英機がいなかったくらいでは、変わったとは私には到底思えない（＊3）。

3　司馬遼太郎の歴史観には現在では多くの疑問や批判がある。彼の作品はあくまでもフィクションであり、歴史学とは区別して認識されるべきである。過剰にフィクションをノンフィクション扱いし、司馬遼太郎の歴史観こそが正しいという態度は取るべきではないだろう。

歴史とは不可避で不可変な流れであり、やはりある種の決定論ではないのかと思う。平清盛が死ぬことは事前に決まっていたし、平家没落を止めることは誰にもできなかっただろう。明智光秀はどこまで自由意志で信長を討ったのだろうか？　だからこそ「歴史は繰り返す」ような気がしている。

余談だが、映画『バブルへＧＯ!! タイムマシンはドラム式』では、バブル崩壊の阻止を託されて過去に送られた主人公の広末涼子が四苦八苦の末、結局歴史を改変し日本を世界最強大国にしてしまう。フィクションでは歴史は変えられるが、現実ではどんなことをしてもバブル崩壊やリーマンショックは止められなかった。

もちろん、歴史というもの自体が、後世の人物が説明づけたものであるから、決定論的に語られがちな点には注意が必要である。

その時にまさに生きていた人物が、決められた流れの中にいるという自覚を持っていたかどうか？ これはわからない。しかし、今の我々は、後世の人物から見れば、決定論的歴史の流れに抗《あらが》えずに流されているまさにその最中なのだろう。

心理学的決定論を語る上で絶対に外せない思想家は、カール・マルクスだ。資本主義が限界を迎え、階級闘争の果てに、社会主義へと移行するとする段階的発展説は、ある種の決定論である。実際に全共闘時代、浅間山荘事件やよど号事件において犯行者たちは、ある種の決定論とその科学的な根拠を信じていた部分があった。

現在の資本主義、民主主義の限界は、マルクスの『資本論』の中に記載された「予言」通りに進んでいるように見える。アマゾンやマイクロソフトのような世界企業の登場と、それに続く世界政府が登場すればいよいよ資本主義は限界を迎え、社会主義への移行である「革命」が起こるのかもしれない。繰り返す不況もマルクスが予見したものであった。

政府主導の公共事業などの財政政策によって、人間は不況を先送りにするすべを得た。20世紀経済学の神であるケインズは、マルクスを超克したかのように見えた。しかし、リーマンショックを経て、この財政出動による不況の回避にも限界があることが21世紀の今、コロナウイルスによって露呈され始めている。

いよいよマルクスが指摘した資本主義の破綻《はたん》がもたらされるのかもしれない。

マルクスの『資本論』も人間の行動の必然的な流れ、決定論を指摘した点で、ある種の心理学的決定論を支持する論拠、文献的エビデンスになり得ると私は思っている。人間の行動は事前に決まっており、環境、世界がそれを規定するのである。

決定論的歴史観、および未来に対する決定論的思想は、この意味で全く新しいものではないのだ。学生運動（1960年代後半から1970年代を中心に、大学生を主とした左派的思想、マルクス主義、社会主義の集団が、国に対して武力闘争を仕掛けた運動）をしていた世代なら、このことはよくわかるのではないだろうか？　いつか来た道である。

しかし、いつか来た道であったとしても、その妥当性は過去に比べて格段に担保されているといえる。それはこの本を読み終わった頃には明らかになっているはずだ。


友人が、どう考えてもダメな男と付き合っているとしよう。何度も別れろとアドバイスしても、一向に別れない。話し合いを続けその場では説得に成功し、本人も「あんな人と一緒にいても未来はないよね」と明確に自覚してくれた。意識レベルでは、十分わかっている。

しかし、それにもかかわらず別れられない。一度彼氏に会ったら「やっぱりあの人が好き」となってしまう。別れられない友人にやきもきする友達の図は、洋の東西を問わずよく聞く話である。

意志、意識レベルでは別れるべきだと切実に実感していても、その意志では行動が変えられない。人間の行動は環境との相互作用で全て事前に確定しているためだ。意志には行動を変える力がないのだ。

田代まさしさんは４度、覚醒剤の保持と使用で逮捕されている。本人は意識レベル、意志

図1-6　マーシー

のレベルでは覚醒剤をやめたいと繰り返し述べている。しかし、意志の力では覚醒剤をやめることができないのだ。

覚醒剤を使用するのも自分の意志なのか？　おそらくそれは環境（覚醒剤）との相互作用で生まれる行動の強制だろうと思う。やめたいという意志よりも、環境から強制される決定された未来に支配されているのだろう。

田代まさしさんの息子の田代竜也さんもまた、環境に支配された行動を起こしている。彼は、「すごく大事にされたという記憶」に縛られ、父である田代まさしさんに何度裏切られても、接触しサポートを試みる。娘と母は縁を切ったにもかかわらず、息子は縁を切らずなんとか復活させてあげたいとまさしさんを信じ続けている。彼の行動もまた、環境（すごく大事にされた記憶）に縛られ操られているのだ。

ちなみに、したいこととしたくないことの意志のバランスについては、健康心理学者のケリー・マクゴニガルが提唱している「意志力」という概念が面白いので、この辺りをもっと知りたい方は、彼女の書籍をお勧めしておく（関連して、薬物使用に関する報道のあり方は、もっと考えられるべきである。荻上チキさんらが提唱している薬物報道ガイドラインがもっと認知されるといいなと個人的に思っている)。

意志などないのだ。意識レベルではダメな行動だと十分にわかっている。それなのに、もっと大きななにがしかに行動が支配されているのだ。全ての行動は事前に決定しているのである。

次の章でもまた解説するが、我々は意志の力では生きていない。脳と環境の相互作用によって、自動的に体を動かされ、全て事前に決まっているプログラム通りに反射を繰り返しているだけだ。意志で作っているように見えても、全ての行動は環境からの刺激に対する、反射なのである。

３日前の夕食は何だったか思い出せるだろうか？　４日前の昼食には何を食べたか思い出せるだろうか？　意志で行った食事の選択でさえ、所詮その程度のものであり、記憶にすら残らないのだ。

この事実にあなたは絶望するだろうか？　しかし、全てが決まっているからという理由で、人生が味けないものになる訳ではない。むしろ決まっている中で頑張ることの楽しさ、美しさというものもある。

安易なニヒリズムに傾倒することを私は決して勧めない。生まれつきのお金持ち、生まれつき頭が良い、生まれつき顔が良い。どう頑張っても、全ては運命で決まっており、そこに努力の余地はない。逆にいえば、今社会を動かしている強者も、犯罪者も、実際にはごくごくわずかな差しかなく、それはただの運命でしかない。だから、社会の強者を尊敬せず、弱者も蔑《さげす》まない。そして、自分は全ての努力を放棄する。この考え方には一理あるのかもしれない。だがしかし、私は、こういった「受動的ニヒリズム」を勧めない。

これについては、後述したいので、ぜひとも最後まで絶望せずに読み切ってもらいたい。

最後に、この章をまとめよう。人間には自由意志はない。世界は事前に全てが決まっている。環境との相互作用によって、その都度人間は自動的に反応行動をしているだけである。意志とは幻影である。意識や意志にそれを統一的に説明できる自然法則があるとすれば、それは物理世界の始まりから存在するべきであり、人間に特有のものではないはずである。だから、意識とは1か0かで存在するものではなく、レベルにグラデーションがあり、万物が意識を持っているはずである。

ただし、繰り返しになるが、それによって未来が変化するようなものではなく、世界はすでに全てが決まっている。この考え方を本書では、**心理学的決定論**と呼び、一貫して主張していく。

この章では、まず心理学の重要研究を中心に、心理学的決定論について紹介を行った。この考え方の相似形が、次章以降も繰り返し提示される。脳科学、生理学、哲学においてもこの考え方は補完され、証明されていく。このダイナミクスをぜひ楽しんでもらいたい。

補足　心理学者の役割とは？

本書に出てくる心理学の実験、例えばリベットの実験は強固な意志をもって成し遂げられたように感じられるだろう。しかし、心理学的決定論ではこの意志も幻影ということになってしまう。すると、この世界における心理学者の役割、ひいては世界の謎を読み解こうとしている科学者たちの役割とは、どういうものになると考えるべきだろうか？

「自分の意志は幻影」というテーゼと、科学者たちの強い意志（のように見えるもの）は矛盾しないのだろうか？　このように思う読者の方は多いだろう。

この疑問を解決するためには、実効的な心理学的決定論と、思想としての心理学的決定論を区別して考える必要があるだろう。つまり「どのみち全てが決まっている」として現時点での幻影としての自由意志を完全に否定して生きられる人間など、ほとんどいないという意味である。

私自身、自分の人生は自分の意志で切り開いていると思う気持ちを完全に捨てることはできない。今この本を執筆しているのは私の意志である。しかし、その意志を自発的に自然に持つことができているという事実は、決定論的に決まっている。これまでの外界と私の相互作用で必然的に決まっているのだ。そしてその事実に対して幻影として「書きたいから書いている」という自由意志が随伴しているのである。

仮に、読者の皆さんの中で全て決まっているのだから何も努力せずに過ごそう、と思われる方が出てくるならば、それも決まっていたことである。一方で、思想は思想として受け入れるが、それでも自分の人生だから頑張ろうと多くの人は思うだろう。結局のところ、思想として正しく、それが真理であるとしても、それを日々の生活でどこまで実行するか、実際にどう生きるのかは、これまでの生い立ちを含めた環境との相互作用で決まるのだ。

多くの人は、この本を読んだからといって人生は大きく変わらないはずだ。その変わらなさも事前に決まっていたことなのだ。心理学者を含めた科学者たちの実験や努力も、その人物を取り囲んだ歴史を含めた環境がそれを必然的に行わせている。そしてその際に「自分が好きでやっていることだ」という幻影の自由意志が生まれるのだ。自由意志を幻影だと理解することと、実際に我々が取る行動は乖離《かいり》していていいのである。

思想に対して原理主義的に行動を整えたいと思う人がいるならば、それもまた事前に決まっていたことである。反対に、この本を読み終わって何も人生や日々の生活に変わりばえなく生きていくのもまた自由であり、それもこの本を読む以前からすでに決まっていたことなのだ。

補足の補足

思想としての心理学的決定論が、実行としての生活と無関係であるならば、この本の存在価値は一体なんなのか？　という問題が出てくる。「それで？」「So What !?」ということだ。

この点、著者の意見としては「それでも面白い」と思う人だけに読んでもらえたら十分というのが正直な気持ちである。知識、考え方として純粋に知りたい、読み進めたい人が読めばそれで十分であり、この考えをベースに社会を変えようとか、哲学的に絶対的な真であるから思想として広めようという「意志」は著者にはない。考えとして楽しい、こんな考え方もあるのかという啓蒙。そんな軽い楽しさがこの本の唯一の価値である。

人間が自らを自由であると思っているのは、すなわち彼らが自分は自由意志を持ってあることをなし、あるいはなさざることができると思っているのは、誤っている。そして、そうした誤った意見は、彼らがただ彼らの行動は意識するが、彼らをそれへ決定する諸原因はこれを知らないということにのみ存するのである。

バールーフ・デ・スピノザ『エチカ』（１６７７年）第２部、定理35、備考より

第2章

暴走する脳は自分の意志では止められない

2-1　悪いのは人か脳か？

犯罪心理学とそれに関連する脳科学の知見にも、世界は事前に全て決まっており、個人の意志の力は無力であり、行動を変えるに足らないというエビデンスが集められている。

本章では、世界と自分との相互作用によって行動が必然的に一つに決まってしまうという事実を、犯罪を軸にして明らかにしていく。リベットの実験と同じように、意志よりも先に、意志よりも強く脳が動いてしまうことを具体的な犯罪を通して明確にしていこう。

犯罪の責任は、その犯罪を行った人物にあると当然考える。それでこそ、法が意味をなす。しかし、幼児の法的責任は問われない。統合失調症の罹患者の法的責任も問われないことがある。彼らの脳は未熟であったり、異常であったりするため、その脳による行動には責任がないのだ。

5歳児に100万円を貸し付ける手形を渡してもその取引は無効になる。アルツハイマー病が進行している人物と街で待ち合わせしたとして、待ち合わせの場所に時間通りに来ないことを叱責することはあまり紳士的だとは思われない。お酒の席は無礼講という考え方が世界中にある。

これらは、いずれも脳の状態と関連する。５歳児の脳は未熟であり、アルツハイマーの脳は正常とは呼べず、お酒で酔っている時の脳も一時的に正常さが低下している。このように考えるからこそ、彼らの行動の責任は問われない、少なくとも問われにくくなっているのである。「脳が正常であること」が大人としての社会の〝主要な〟構成員（社会運営の責任の主体）として暗黙的に求められているのだ。そこから逸脱した状態で取られた行動は、社会的な責任を問われる度合いを低く見積もられるのである。

次の例はどうだろうか？

患者Ｈ・Ｍという人がいた。Ｈ・Ｍ、実名 Henry Molaison（ヘンリー・モレゾン）は生まれて間もなくから、てんかんの発作を繰り返し、成長とともにその発作が大きくなっていったため、１９５３年に、脳の部分的な切除の手術を受けた。しかし、大変に不幸なことに、その後Ｈ・Ｍは前向性健忘症になってしまうのである。

つまり、身に起こったことを長い間記憶できないという状態になってしまったのだ。5分前に、自分が何をしようとしていたのか、思い出せないのである。5分前に取ったメモの内容も、うまく思い出せない。そんな状態になってしまったのである。この人物に対して、一般の正常な脳を持った人物と同じだけの行動の法的責任を持たせることはできないということは、簡単に想像できるはずだ。H・Mは脳に異常があるのだから、その点を酌量せねばならない。

なぜ酌量が起こるのか？

脳の変異であれば、改善がほぼ不可能であり、少なくとも、その場ですぐに治すことはできない。よって、それが原因で引き起こされた行動も即座に改善することができないため、情状酌量されるというのが、背景にあるロジックだろうと思う。

ちなみに、この前向性健忘症を扱った映画作品として、クリストファー・ノーラン監督（ガイ・ピアース主演）の『メメント』がとても面白い。犯罪にあった主人公は、脳に損傷を負って前向性健忘症になってしまうのだが、彼は、映画冒頭で一人の男を射殺する。主人公は、その男が自分を襲った犯罪者だと信じて射殺したのである。

主人公は、新しいことを覚えることができないし、メモを取ってもメモの置き場所すら忘れてしまう。そこで、主人公は、自らの体に入れ墨をして重要なことを忘れないようにする。入れ墨には、謎の人名「ジョンG」、車のナンバー等が書かれており、その情報に合致した男が射殺された。

映画は、射殺シーンから少しずつ時間を遡《さかのぼ》って、過去が明らかになっていくという特異な構造を持っている。時間が戻るにつれて、主人公が、射殺したその男が犯人であると確信を持つに至った経緯が明らかになっていくのだが、果たして、主人公が射殺した男は本当に犯人だったのだろうか？　この映画では、前向性健忘症の辛い症状が巧みに描かれているだけでなく、映画としてもとても面白いのでオススメである。

フィニアス・ゲージという人物の例も紹介したい。

フィニアス・ゲージはかつて、周囲の皆が「いい人で有能だ」と評価する人気者であった。そんな彼が大事故に見舞われる。25歳の１８４８年の夏に、米国ニューイングランドの工事現場で作業をしていたところ、現場の火薬が誤爆して、鉄パイプがゲージの脳を貫通してしまったのだ。鉄パイプに勢いがあり、脳を広範に傷つけずに済んだことで、ゲージは一命を

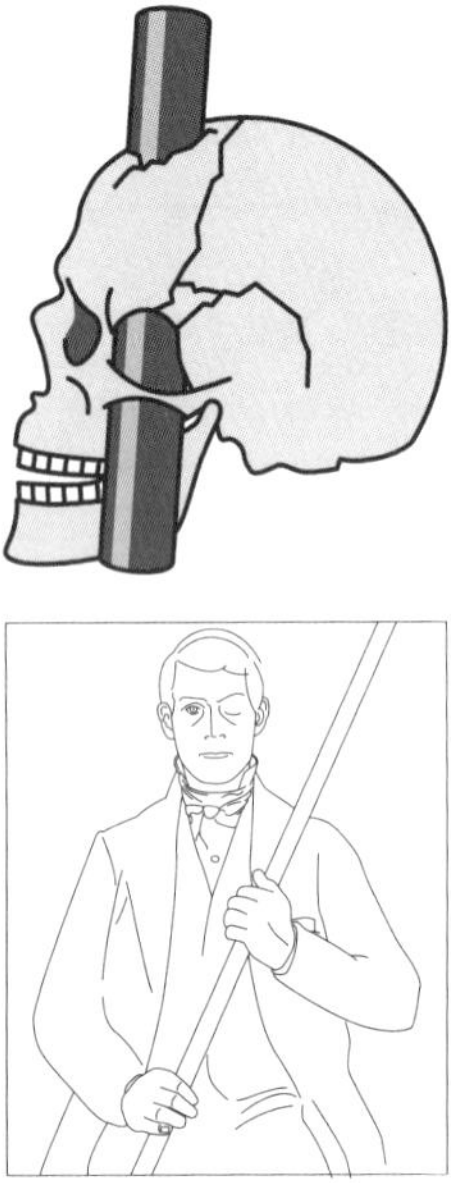

図2-1　フィニアス・ゲージ。上図のように鉄パイプが脳を貫通した

取り留めた。それでも、ゲージの前頭葉は大きく損傷した。

事故以来、ゲージの性格は変化し、「嫌なやつで無能」と周りが評価するようになる。そんな周囲の態度に対して、すぐに激高し折り合いがつかなくなってしまう。ゲージはその後38歳で病没するが、後半の人生は悲惨なものになってしまった（自分の傷跡を見せながら生活するサーカス団の見せ物になったという）。

ゲージの事例は、現在の脳科学によれば、前頭葉の損傷によって思考力や判断力が大幅に低下し、それが性格の改変にまで及んだ例として考えることができる。脳腫瘍や脳梗塞で前頭葉に損傷を負った患者さんの様々な認知能力が低下し、性格にまで影響が出る例は多々ある。

有名な事例としては、初代の引田天功（プリンセス天功の師匠）は、大事故で脳を損傷した後で性格が変わったといわれている。

もし現在の脳科学の知見が１８５０年代にあれば、ゲージの横暴な行動にゲージは責任を持たずに済んだだろう。行動を断罪されるどころか、被害者として周囲が適切な対応、治療を施すべきだった。しかしながら当時は知見不足であり、ゲージの社会的に逸脱した行為の責任はゲージが負うべきものであると社会は彼を断罪し、彼を社会から抹殺してしまった。

さらに考えを進めたい。止められない万引きは誰に問題があるのかについて考えてみよう。これは「クレプトマニア（窃盗症）」として、それが脳の病気であることがすでにわかっている。お金があっても万引きをしてしまうのである。

病的な万引きの責任は行動の主体に問われるべきなのだろうか？　彼らの犯行も異常な脳のせいであると考えると、お酒で脳機能が低下したことで許される「無礼講」との違いはどこにあると考えればいいのだろうか？

殺人事件が起こると、今や必ず精神鑑定を行い責任能力を問うという作業が行われる。凶悪な犯罪者でも、精神異常の度合いが激しく責任能力がないと判断されれば、無罪にすらなってしまう。このことに多くの日本人は違和感を持つようでもあるが、なぜ精神鑑定をするのかはここまで書いてきたロジックを理解できれば明確だろう。つまり、脳に異常があれば、行動の責任は取らなくてよいというロジックである。

ここで、事態はより複雑化し難問化する。現時点では精神異常とされなかった犯罪者も、50年後の進んだ技術で脳を見れば脳になんらかの異常が見つかり、その犯罪者の行為も責任を負うだけの能力がなかったと判定される日が来る可能性が、ほとんど全ての犯罪においてあり得るという事実だ。

技術が進みさえすれば、全ての犯罪行為の原因に一対一対応した脳の病気、脳の異常が浮かび上がり、「犯罪を起こしてしまったのは犯罪者の意志ではなくやむを得ない脳の活動である」といわれるような時代が来るのではないだろうか？　「罪を悪《にく》んで人を悪まず」という日本の格言は、こういったことを直感的に人間が理解していることの証拠なのかもしれない。

犯罪という特殊な行動は、その行動が意志の力では如何《いかん》ともしがたく避けられず、運命や天命のごとくに事前に決まっていた行動であるかのように見える。自分の意志とは無関係なところで行動が規定されてしまうのである。脳の暴走によって行動がなされ、それは意志では制御できないのだ。

もちろんこの私見は危険きわまりないものである。なぜなら、突き詰めればどんな犯罪的行為にも責任能力がないことになるからである。悪いのは脳であり犯罪の全ては病気ゆえである、という論法である。病気なのだから責任を負う必要はないとなるのである。

ここで注意していただきたいのは、この発想はあくまでもこういった考え方もできるという提案であり私はこの立場を取って活動している訳ではない、ということである。このことはどうか覚えておいていただきたい。

脳の病気によって犯罪が減刑されたという最たる例に、ハーバート・ワインスタインの妻殺しの事件が挙げられる。ワインスタインは、脳の病気とそれを示す脳画像診断が正式に減刑の理由となった初めてのケースだと考えられる。

1991年、65歳のワインスタインは妻を口論の末に絞殺するのだが、その裁判においてPET、fMRIといった脳画像診断機器によって、ワインスタインの脳はスキャンされた。その結果、左前頭葉にくも膜下嚢胞《のうほう》が発達していたことが明らかになった。この診断については著名な神経脳科学者のアントニオ・ダマシオが法廷で証言した。

さてその結果だが、ワインスタインは元々懲役25年の第2級殺人罪が想定されていたのにもかかわらず、脳の病気であることが明らかになったことで、懲役7年の故殺という計画性のない衝動的な殺人に減刑されたのである。このように脳の病気が罪の減刑になる時代がすでに来ているのだ。

2-2 「更生」は可能か？

母親に愛されたい、母親にくっつきたい。そのように願わない子供はほとんどいないだろう。正常な愛、賞賛されるべき親子の美しさ、あるべき姿、美しい人間の愛。

一方で**「異常な愛」**、恐怖される愛もある。

猫を殺したい、残虐なことがしたい、子供をいじめたい、何かを殺して死骸を見たい。これは「異常な愛」、忌避される愛、あるべきでない姿、醜い人間とさえ呼ばれる。

しかし母親に愛されたい、母親にくっつきたいというのが「否応ない脳の欲求」であり、止められない行動、人間の本能であるとすれば、小動物を虐待したいと思うその異常者の脳内におけるその欲求もその人物にとっては止められない行動、「否応ない人間の本能」であるのだ。

友達を作りたい。楽しい会話をしたい。サッカーを楽しみたい。野球がしたい。たまたまこういう欲求しか抱かない人物だったら何も問題がない。正常とされる人物像だ。それらの行動は推奨され社会的に高く評価されるだろう。

一方でごくわずかではあるが、虫を殺したら楽しい、自分よりも幼い子供をいじめたら楽しい、猫を蹴飛ばしたい、という欲求を、自然に抱く人物がいるのもまた事実なのだ。それを表に出した人物は異常とされ、社会から断罪され、見えなくなるまで追いやられる。

酒鬼薔薇聖斗《さかきばらせいと》事件を覚えているだろうか。14歳にして、何人もの小学生を連続して殺傷し、殺害した一人の首を学校の正門の前に置くという猟奇的な犯罪を行った少年がいた。彼はその後少年Aと呼ばれた。その少年Aが社会に復帰していることが議論を招いている。２０１３年に少年Aの社会復帰を暗にテーマに据えた『友罪』という小説が発表され、２０１８年には映画化もなされた。

彼は本当に更生したのか？　更生していないならば社会に復帰させるのはまずいのではないか？　「更生」とは一体何が変わることを意味しているのだろうか？

一般的には「考え方」が変わること、それに基づいた「行動」が変わることといえそうだ。人を殺してはいけない、動物をいじめてはいけない、弱者は守るものでいじめるものではない。こういった正常とされる考え方が、本能レベルで身につくこと。これをもって、我々は「更生」と呼ぶのだろう。

そして、この更生の裏に我々が無意識に想定しているのは「脳の変化」なのかもしれない。考え方、行動を司るのは脳である。であるならば、脳が変わればそれらも変わるはずだ。だから更生には脳の変化が想定されていると思うのだ。

しかしである。人間は後天的に自分のＤＮＡを変える能力を持たない。高身長のＤＮＡを持って生まれているならば、遅かれ早かれ背は高くなる。ＤＮＡのレベルでの変更を施せないという意味で、我々は生物学的な次元での「更生」を施せないのかもしれない。

高身長のＤＮＡを持って生まれていても、例えばとても狭苦しい箱のようなものの中にずっと押し込めて栄養もほとんど与えずに人間を育てれば、ＤＮＡが指定している高身長は実現できない（中国に過去あった纏足《てんそく》という文化に近い発想）。

更生させるとは、この狭苦しい箱を与える、という意味に近いのではないだろうか？　真っ当な人間として生きられるように思考、考え方を矯正するのである。親を大事にすることが正しいと思わせる、そんな箱に閉じ込める作業をするのだ。

しかし、そんなことは本当に可能なのだろうか？　サイコパス（88ページで後述）の人が社会で失敗を重ねることで、一見すると「優しく」見える行動パターンを身につけていくという事例も知られている。つまり、経験によるなんらかの行動の矯正は、確かに行えるようにも思う。ただし、その場合も本当の意味で「倫理」が身についているのかという問いには、「？」がつくだろう。

補足を一つ。更生と一口にいっても、殺人のような凶悪犯罪からの更生もあれば万引き常習者の更生のようなものもある。つまり、更生の概念にも大きな幅があり、それに対応して脳の変化にもレベルがあることは述べておかねばならないだろう。連続殺人者の更生を、一般的な更生の例とするのは間違っており、この点は注意が必要である。

性犯罪は再犯率が極めて高い。脳がそれを否応なく求めるからだ。どんなに脳に対して更生という圧力をかけても、脳が本質的に修正されることがない場合、再犯という形になって脳の凶暴性が露見してしまうのだ。

ＤＮＡが本能的に求めるもの、それが社会的に許容されるものなのか？　それとも許容されないものなのか？

たまたま許容されるものしか求めない人、愛さない人にとってこの社会は生きやすい。たまたま許容されないものを求めてしまう人にとってはこの世は不条理で地獄だろう。

更生に関連して、早期介入の重要性がデイビッド・オールズの研究から明らかになっている。妊婦への生活指導、例えば薬物摂取の否定、過度のアルコール摂取の否定、喫煙の否定などによって、その時お腹《なか》の中にいた子供が成人になった際の犯罪者になる確率は大きく下がることが知られている。つまり、早期介入によって犯罪予備軍を実際の犯罪から遠ざけることができるというのである。

他にも、性犯罪を犯した人物を去勢するという更生の方法もある。去勢された人物が性犯罪を再犯する確率は0.74％と極めて低く抑えられることがわかっている。

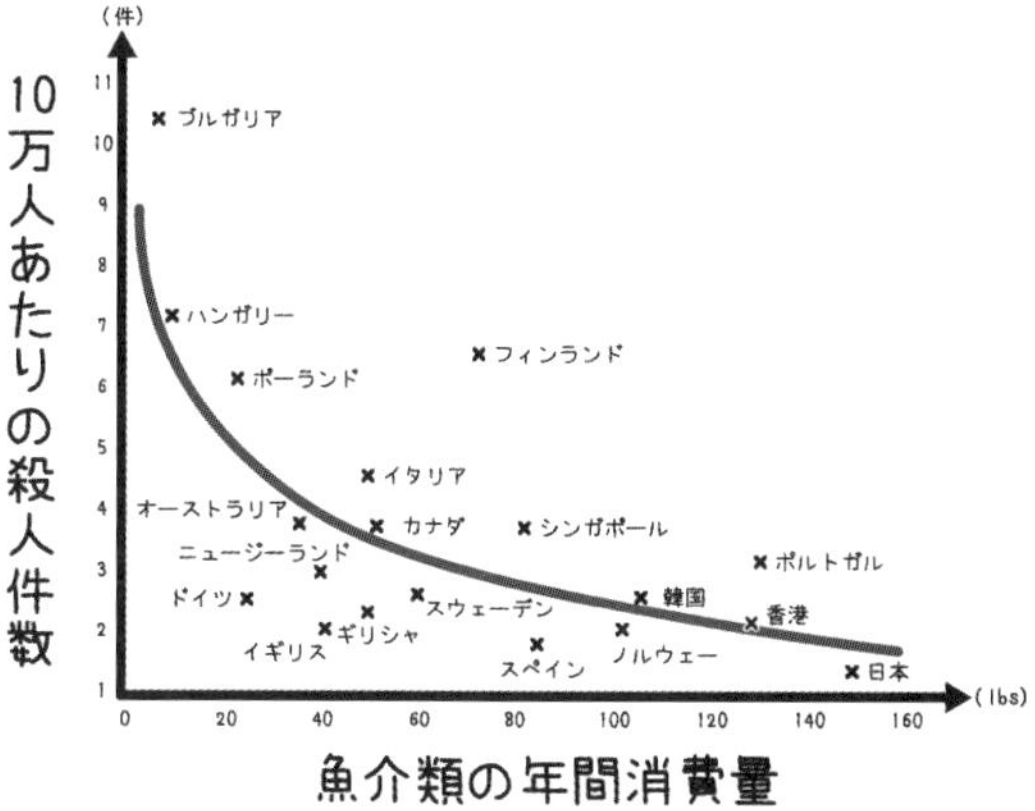

図2-2　海産物を多く摂取する国は殺人事件の件数が少ない
Hibbeln, J. R. (2001). Seafood consumption and homicide mortality. In Fatty acids and lipids-new findings (Vol. 88, pp. 41-46). Karger Publishers. より改変の後に転載。

海産物に含まれるオメガ3脂肪酸やDHAと犯罪の関係も指摘されている。海産物を多く摂取する国では、殺人事件の件数が少なく抑えられることがわかっている。その結果が明確に示されたのが2001年の論文の結果である（図2-2）。

このようにいくつか実行力を持った更生や予防の手段は実際にある。しかし、それらを実施することの倫理的な問題は必ずしもクリアになってはいない。去勢に倫理的な問題があることは明確であるが、意志に反した早期介入や、海産物の摂取の強制にも、いくばくかの倫理的な問題は存在している。この点を21世紀にどのように考えるのかが問題になっているといえるだろう。

ＬＧＢＴＱ（レズビアン、ゲイ、バイセクシャル、トランスジェンダー、クエスチョニング〈ないしはクィアー〉の頭文字）は異常だろうか？　我々のうち90％程度の多数派は、たまたま異性愛だっただけで、優位に立って偉そうにしているのではないだろうか？　8％ほどといわれている性的マイノリティーを、異常者として断罪してきた歴史もある。イスラム教では、同性愛は死刑になることもあったし、今でも、国の法律で正式に禁止されているところも多い（一方で、日本の室町時代から江戸時代のように、同性愛に比較的寛容な時代、ないしは同性愛こそ位の高い愛だとする文化も、世界各地に確認されることは念のため記載しておく）。

ＬＧＢＴＱは多数派と合致しないというだけで、悪、インモラル、とされてきた。少年Ａの残虐的な行動とあたかも同じようにだ。ＬＧＢＴＱの人たちは、現代の日本社会であっても、自殺率や自殺企図率が異性愛者の4倍程度になり、まだまだ彼らは生きづらいということを示す心理学の論文も存在する。先進社会では、彼らに自由が認められている。否応なく、脳が求めるものが異性ではなく同性だったのだ。

過去、彼らは「きちんと異性を愛せ」という矯正の箱に閉じ込められていた。だが、現代では多くの社会でそれが間違いであり意味をなさないことが理解された上で禁止されている。

では小児性愛はどうだろうか？　現在では、小児性愛者に特有の脳の活動、脳の特徴があることが報告されている。

サートリウスらの２００８年の報告では、男児愛の被験者は、男児を見ると感情に関わっている脳部位である扁桃体《へんとうたい》が一般の被験者に比べて大きく活動することがわかっている。この脳活動は意志でどうこうできるものではなく、自然にそうなってしまう点が重要である。

さらに、ウォルターらが２００７年に報告した研究では、13人の小児性愛者と、14人の異性愛の被験者に、一般的な大人のエロティックな画像を見せて、特定の脳の部位の活動レベルを調べた。その結果、小児性愛者は、大人のエロティックな画像を見ても、異性愛者に比べて、外側前頭前皮質と海馬の活動レベルが有意に低いことがわかった。

異性愛の男性が興奮するような大人の性的な刺激画像に対して、小児性愛者が興味を示さない、興奮しないことが、脳の活動レベルから証明されたのである。

これについても、意志でもって興奮しようとしても、彼らにとっては無理な話である。それは、異性愛の男性に、男性ヌード画像で興奮しろといっているのと同じことなのだろう。

小児性愛は、脳の個性であり、同性愛、異性愛と同列に語ることができる可能性がある。数が少なく、インモラルであるため、それを社会的に認めることができないだけであり、当事者の脳は否応なく、小児性愛であり続ける。

多くの人は、たまたま多数派という「普通」だったから、猫を虐待しないだけだ。もし否応なく、本能的に猫を殺したいという脳を持って生まれたら、あなたはどうしたのだろう？ 人を殺してみたいという欲求が、不可避なレベルの欲求となって、あなたを毎晩襲ってきたらどうしただろう？

もちろん圧倒的多数の人間は、インモラルとされる行動を欲したとしても、代替可能ななにがしかのもので自分の欲求を抑えて、ことなきを得るだろう。アダルトビデオにもインモラルなものは多数存在するし、同人誌のインモラルぶりもほとんどの人がそれらを空想の範囲で飼いならせていることを傍証している。

しかし、ごくごく一部に、どうしても欲求を行動に移したいという人間がいるのだ。もちろん異常ではある。しかし彼の脳の立場に立てば、それは不可避な欲望であり、行動に移さざるを得ない欲望なのだ。止められない、なにがしかなのである。そういう意味では、犯罪者、悪人は、とても運が悪いのだ。

実害がなければ、社会的に許容するという仕組みが我々の社会にはある。虫を殺しても誰も困らない。実害がなく社会的に許容されるからこそ、それは社会的に罪にならないのである。一方で、明確に実害があれば、社会的に許容せず断罪するという仕組みも我々の社会には存在している。

新潟女児殺害事件のような、小児性愛者（のごく一部）が起こす犯罪は、あまりにも辛すぎる悲劇である（ここでくれぐれも注意して欲しいのは、小児性愛者だから犯罪を起こすという因果関係は全くない点だ。犯罪を起こす小児性愛者はごく一部であり、性的指向が犯罪の原因である訳ではないので誤解をしないで欲しい）。

小児性愛は辛すぎる被害者を生み、社会的に許容できない実害を生む。さらに新潟女児殺害事件のような被害は、一般市民にとって同情しやすく、圧倒的な「共感」が生まれる。実際、私も共感するし被疑者には厳罰を望んでいる。この共感によって、無関係の一般市民にも悲しみや精神的な苦痛が生まれる。この共感がある限り社会的に小児性愛は許容されないはずだ。

小児性愛や動物虐待に対して、強制的に脳の補正を行う方法は確かに存在する。例えば、猫の死骸の映像を見せる時に、同時に嫌悪刺激（不快な匂いや電気ショック刺激）を提示するということを繰り返すと、その映像を次第にきちんと不快に感じるようになる。これによって、ある程度の補正は可能かもしれない。しかし、こういった補正を社会的に施すことには思想的な問題もはらんでいる。

また、危険なＤＮＡ配列を持っている人物から、子供を作る権利を奪うという方法もあり得る。しかし、これは、強制不妊治療の歴史的な問題と全く同じであり、優生学と呼ばれる問題だ。行き過ぎた優生学の最たる例は、ナチスドイツによる、ユダヤ人迫害である。危険なＤＮＡという考え方は、不可避的にホロコーストの轍《てつ》を踏むことになるだろう。

そもそも、人間の権利はどこまで許されるのだろうか？　猫などの小動物、弱者を虐待する権利を人間は持っているのだろうか？　脳が本能的に求める行為を、実行していいのか？　悪いのか？　その線引きは誰が、何を基準にして作るのか？

猫をいじめている人間を気持ちが悪いと思うのは自由だろう。一方で、強制的にそういった人物を罰する自由は我々にはあるのか？　あなたは人生でただの一度もいじめに加担したことはないのか？　無視したことはないのか？　弱者、少数者を悪くいったことが一度もない人間などいるのか？

障害は罪ではない。生まれつき、手がない、足がない。その事実をもって差別を受けている人物がいるならば、そんな社会は駄目である。そういった方たちが平等にチャンスをもらえる社会、その障害に負けさせない社会を作るべきである。

ではなぜ、「脳の異常」は、罪としてつまはじきにされるのか？　虫を殺したい、弱者をいじめて楽しみたい、というような「脳の障害」に対して、社会的に何らかの矯正のチャンスを無償で施す必要はないのだろうか？

２-３　「意志の力」は止められない

子供を虐待する親は、どこまで自分自身の責任として断罪されるべきだろうか？

虐待をする親の８割以上は、子供の頃に自身の親から虐待を受けていたというデータがある。虐待は連鎖することもあるのだ。なぜなら、虐待によって脳に不可逆的な損傷のようなものが生じるからである。幼少期の虐待が脳に不定形な発達をもたらし、その脳の障害が、次世代の子供に虐待をするという形で現れてしまう。

虐待をする親は、どこまで自己責任で、どこまで自分自身の意志で虐待をしているのだろう。やめようと思っても、やめられない親も沢山いる。自分の意志とは関係のないところで、本能的に脳が求めるのだ。

アメリカのウィスコンシン大学マディソン校の心理学科教授のポラックが2008年に、「カレント・ディレクション・イン・サイコロジカル・サイエンス」誌上で報告した論文でも、子供時代に虐待を受けていた人物は大人になってからも怒り顔への感度が高く、笑顔への感度が低くなっていることが知られている（図2－3）。その原因は虐待のダメージによる脳の物理的な変化であることが推察されている。

万引き常習者（クレプトマニア）は、生活に困って万引きをしている訳ではない。それを脳がどうしても欲して止められないのだ。自分の意志ではどうしたって止めるべきだと理解

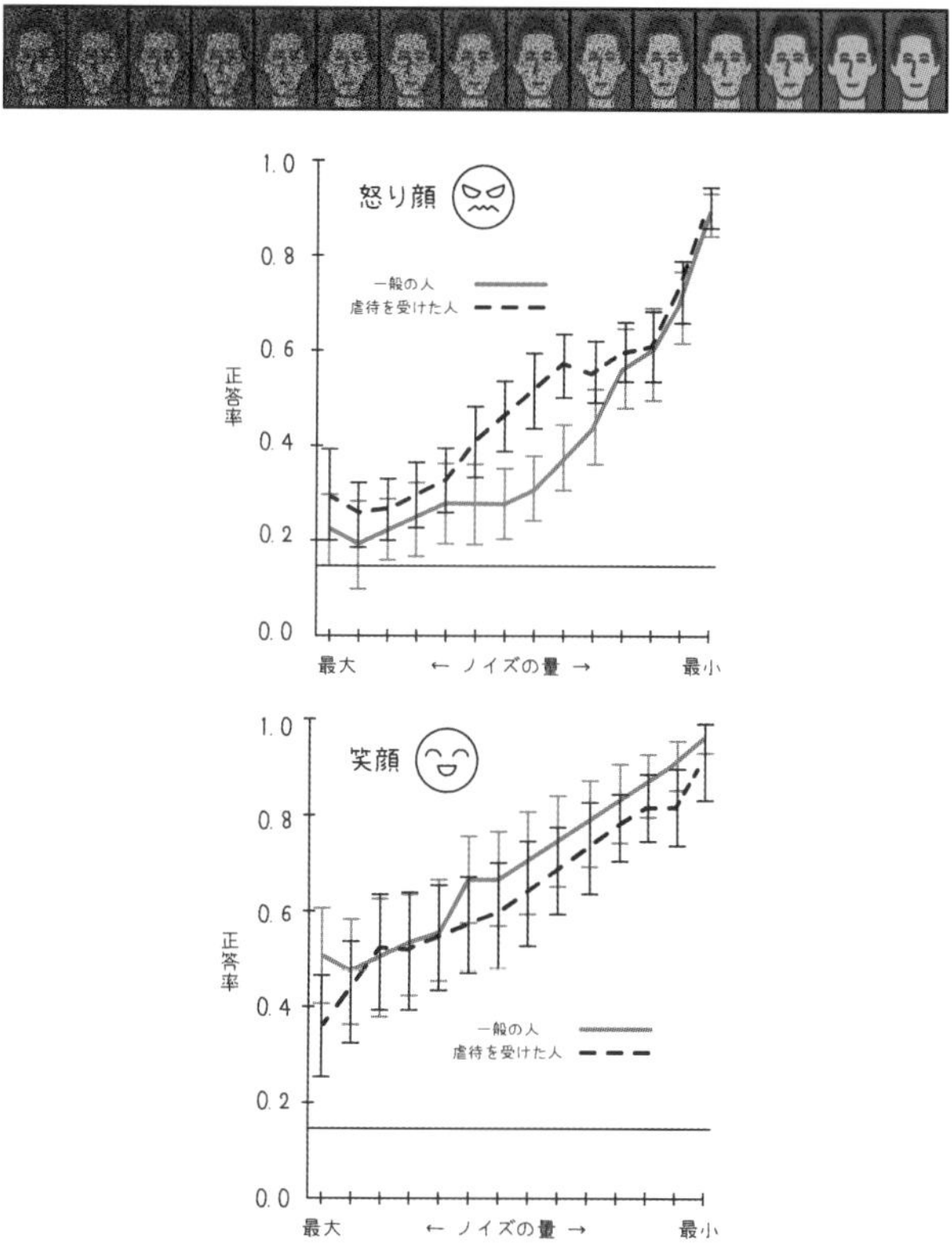

図 2-3　子供時代に虐待を受けていた人物の多くは大人になってからも怒り顔への感度が高い。一番上の図のように、怒り顔、笑顔の上にドットノイズを付加して、表情判断をさせる。子供時代に虐待を受けた被験者では、虐待を受けていない一般的な被験者に比べて、怒り顔はより多くのドットノイズが付与されても正答できるが、笑顔はドットノイズが少なくないと正しく判定できていないことが行動データで明らかにされている
Pollak, S. D. (2008). Mechanisms linking early experience and the emergence of emotions: Illustrations from the study of maltreated children. Current directions in psychological science, 17(6), 370-375. より改変の後に転載。

している。本当によくないことだと熟知している。それにもかかわらず、それを求める脳を意志では止めることができないのだ。

アルコールやギャンブルなど種々の依存も同じ構造だ。自分の意志を超えたところで、脳がそれを求めてしまう。脳の暴走を止められないのだ。

止められない脳の暴走は、どこまで自己責任なのか？　もちろん、自己責任として罰しなければ社会は成り立たない。罰するべきだと私も思う。一方で、彼らだって止めたいのだ。だが「意志の力」ではどうにもならないのだ。

そもそも、意志は幻影であり、行動をコントロールできるような力はないのだ。外界から得られる刺激に対して、意志で抗うことはできず、自動的に身体が反応してしまうのである。

あなたは少数派に属しているのか？　多数派に属しているのか？　たまたま、生まれつき多数派に属したという幸運。たまたま生まれつき少数派に属してしまったという不幸（私は不幸だと決めつけようとは思わないが）。

極端にいえば、多数派が善で少数派は悪である。ゆえに犯罪性思考は悪である。多数か少数か、ただそれだけの問題といえる可能性さえある。万引きを人口の9割が行うならば、万引きは罪にすらならないのかもしれない。法律とは、あくまでも多数派が多数派のために作ったルールでしかないのだ。

ちなみに私は発達障害、アスペルガーだ。ずっと変だといわれて、友達もできないような人生を過ごしてきた。その点では、少数派に属してきた人生であった。しかし不幸だとは全く思っていない。自分の場合は少数派だからこそ、人生は面白いと信じている。

多数派と少数派で世界を分けるならば、犯罪を犯さないのが普通（多数派）、犯罪を犯すことが快感（少数派）、異性愛（多数派）、同性愛（少数派）、定型発達（多数派）、発達障害（少数派）。

この世にはありとあらゆる「多数派‐少数派」の対立がありうる。どんな人間でも、常に多数派であり続けることはできないはずである。だからこそ少数派を無下にあつかう、否定するということは自分自身のためにも、決してやってはいけないことだと私は思う。

２０１８年５月７日、新潟県新潟市西区にて小学２年生の女児が殺害され、線路に遺棄《いき》された。新潟女児殺害事件のことだ。当時23歳の会社員がその犯行を行ったとされている。

私は犯人を憎みたい。本当に酷い、いたましい事件だ。だが、犯人は捕まることはわかっていたはずなのだ。彼には女児を連れ回すという前科があった。この前科で書類送検され、指紋も採取されていた。つまり、何か大きい事件を起こせば必ず自分が容疑者になるということは、彼には十分わかっていたはずなのだ。それを裏付けるように、事件後に犯人は自殺の準備をしていた。そんな犯行をすれば、自死する以外に方法がなくなることは意識的なレベルでは十分にわかっていたはずなのだ。それなのに止められない。自分の犯罪的な欲望を意志で止めることができないのだ。そういう脳になっていたのだ。

この止められない行動は一体誰の行動なのか？　自分の意志で止められない自分自身の行動。あたかも悪魔に操られているかのように……。

新約聖書で、キリストを売った裏切り者のユダは、自分の意志でキリストの居場所をユダヤの宗教統治者であるカイアファァに密告した。しかし、その直後に後悔の念に襲われる。あたかも裏切りがサタンに操られた間違いだったかのように思うのだ。マタイ福音書には、ユダはカイアファァから情報提供料として銀貨30枚をもらったのだが、キリストが捕縛された後、激しい後悔からその銀貨を返還しようとする姿も記載されている。最終的に彼は、木に縄を括《くく》り付け、首を吊って自死を選ぶ。

２０００年も前から、人間の罪と自由意志のあやふやな関係が描かれていたのである。自分の意志といえるのかわからないほど、人間は不意に行動を起こし、その罪に怯える存在なのである。

犯罪者たちに、医者にかかるチャンスはなかったのかと問いたい。世の中には、様々な病に対してＣＭなどの周知がなされている。薄毛治療、ＡＧＡなら専門医、タバコがやめられないニコチン依存なら専門医、といった具合である。

では、小児性愛で困っている、動物を虐待したい気持ちが止められずに悩んでいる場合、どこのどんな医者にかかればよいのか？　このことを教えてくれるＣＭは存在しない。自分自身のインモラルで、反社会的で、意志ではどうすることもできない欲望を止めてくれる、薬で治してくれる医者についての情報が、彼らに適切に与えられていないのである。

社会は、事件が起こってから断罪し、人物像をえぐるように繰り返し報道する。しかし、彼ら犯罪者に本当に必要なのは治療だったはずだ。適切な治療がどこに行ったら受けられるのか？　この情報が社会に不足している。

犯罪の抑止を切に願うなら、地域住民の地域パトロールに加えて、彼らアブノーマルな欲求を抱く犯罪者予備軍に対して、どこに行ったらそのアブノーマルな欲望を止めることができるのか、という情報をもっと提供するべきなのだ。そして、そういった犯罪抑止になるような専門医を国が育て各地に派遣し、不幸な事件を一つでも未然に防ぐべきなのだ。

映画『マイノリティ・リポート』では、プリコグと呼ばれる3人の予知能力者たちで構成された殺人予知システムが社会を支配している。プリコグに従って予防的治安維持機能を遂行する犯罪予防局によって、システムの導入以後、西暦2054年のワシントンD.C.の殺人発生率は0%になっている。事前に犯罪を予測し犯罪を犯しそうな人物の身柄を確保して、犯罪を未然に防いでしまうのだ。この夢物語は、すでに現実になろうとしている。

アメリカでは、AIによる犯罪予測が警察の活動現場に導入され始めている。AIがこの時間にこの場所に行くと犯罪が起こっている確率が高いと予測する。またこの人物はこの時に再犯を犯しがちになるという予測もする。

こういった犯罪予知のシステムと、人間の自由さ、自由意志との関係を摩擦なく両立させることは難しい問題である。一方で、人間には自由意志などなく全て事前に決まっていることが起こるだけだと考えるならば、AIの予測こそがまさしく正解であり、そこに幻想としての人間の自由意志が異議申し立てをする余地はない気もしている。

著者は、圧倒的に後者の立場を取っているが、現状の法治国家、自由意志を基盤にした社会システムでは、後者の立場は受け入れがたいものであろう。ＡＩによる犯罪予測について、多くの人は直感的に「怖い」「行き過ぎた管理社会」と感じるようである。

しかし、**心理学的決定論の立場**からすれば、情報さえ十分に集まっていれば、人間の行動は予知できるというラプラスの悪魔が正しいのであるから、いつどこで犯罪の傾向が高まるか程度の予測であれば十分に可能であると私は思う。

『マイノリティ・リポート』が描いた、過度な管理社会が是か非かについては、議論の余地が大いにあるが、一方で、犯罪の予測の正確性は今後さらに高まっていくはずである。犯罪の予測精度の向上は、先に示したラプラスの悪魔的な発想であり、**心理学的決定論**と密接に関係している。今後の犯罪心理学を含めた犯罪の科学は、心理学的決定論を証明していく一つの重要な分野になるはずだ。

2-4　サイコパスの存在

「サイコパス」という存在が知られている。強すぎる合理性、論理性を有する一方で、人間的な情緒性が欠落している存在をサイコパスと叫ぶ。彼らの中には実社会で成功している者も多い。

特にサイコパスの比率が非常に高い職種として、デイ・トレーダー、裁判官、弁護士、弁理士、外科医、大学教員などが挙げられる。サイコパスは、社会的に許容されているといえる。脳が多数派とは異なっても、社会的に成功さえしていれば、社会的な許容が得られる。

相似形の話として、お金持ちの躁病は、病気と認識されないというものがある。精神的に躁状態で、破滅的な金銭感覚の持ち主であっても、それが成り立つほどの高収入者である場合、彼らは病気とは認識されない。マイケル・ジャクソンのような生活であっても、それを支えるお金があれば、彼らは病気とは認識されないのだ。

脳がサイコパス気質であり、少数派のアブノーマルな状態であっても、それが他者に迷惑をかけない、自分自身で安全な範囲で完結させることさえできれば、社会はそれを許容するのだ。許容される以上に、崇拝の対象になることさえある。

天才外科医のブラック・ジャック（手塚治虫による名作漫画の主人公）に心躍ったのは、彼のある種の超合理的なサイコパス的発想「救って欲しいなら大金を払うべき」が痛快だからだろう。

彼を崇拝して、医師を目指した人は多いはずだ。ただし、ブラック・ジャックは実際には、深い人間愛に裏打ちされた言葉を発しているので（患者はのちになってそれに気がつけるのだが）、彼がサイコパスなのか、サイコパスを演じた善人なのかは意見が分かれるだろう。

映画『ソーシャル・ネットワーク』では、フェイスブックの創設者であるマーク・ザッカーバーグがそのサイコパス気質のせいで、他者とトラブルを抱え続けていく様を描いている。同様のことはアップルの創業者であるスティーブ・ジョブズにも見られる。

彼らに共通しているのは、サイコパス気質が原因でトラブルを抱えまくっても、それを補ってあまりうる金銭（サイコパス気質をビジネスに巧みに活用して得た金銭）がある点である。人はこういった異形の人物に憧れ、崇拝することがある。

サイコパスについても、その一語で括るのは非常に簡単ではあるが、実際にはグラデーションがある。サイコパス傾向が強い人、弱い人、傾向が強く出るタイミングや日、出ないタイミングや日はそれぞれ大きいばらつきがあることには注意が必要だ。

ここで自分自身のサイコパス傾向を簡単にチェックしてみよう。ヘアサイコパステストというテストがある、図2‐4の20の質問項目に対して、とても当てはまる2点、少し当てはまる1点、全く当てはまらない0点で、何点取れるかを試してみて欲しい。

40点満点だが、得点が高い人はサイコパス傾向があるといえる。例えば30点以上の人はその傾向がある可能性がある。もちろん正確な診断には医師の判断が必要であるが、簡易な傾向はここでつかめるはずだ。

実際の医療現場では問診が併せて行われている。例えばこんな質問にどのように答えるだろうか？

Q　たかしくんはクリスマスプレゼントにサッカーボールをもらった。しかし、全く喜んでいなかった。なぜか？

サイコパスチェックテスト

1. 口達者/表面的な魅力
2. 誇大的な自己価値観
3. 刺激を求める/退屈しやすい
4. 病的な虚言
5. 偽り騙す傾向/操作的(人を操る)
6. 良心の呵責・罪悪感の欠如
7. 浅薄な感情
8. 冷淡で共感性の欠如
9. 寄生的生活様式
10. 行動のコントロールができない
11. 放逸な性行動
12. 幼少期の問題行動
13. 現実的・長期的な目標の欠如
14. 衝動的
15. 無責任
16. 自分の行動に対して責任が取れない
17. 数多くの婚姻関係
18. 少年非行
19. 仮釈放の取消
20. 多種多様な犯罪歴

図2-4　ヘアサイコパステスト

Hare, R. D. (1991) The Hare Psychopathy Checklist-Revised. Toronto, ON: Multi-Health Systems. より和訳などの改変の後に転載。

一般的な回答

A　たかしくんは、サッカーが好きではなかった。

サイコパス傾向のある人の回答

A　たかしくんには、足がない。

Q　大嵐の日、あなたは車でバス停の前を通りかかった。そこには、死にかけの老人、自分の好みの異性、友人の3人がいるとする。車は二人乗りで一人しか乗せることはできない。あなたは誰を助ける？

一般的な回答

A　誰でもよいので、誰か一人を助ける。

サイコパス傾向のある人の回答

A　友人に車を貸して老人を連れていってもらい、自分はその場に異性と残る（つまり、人助けの名誉欲と性欲の二つを同時に満たすという異常に高い合目的性と利益追求の回答ができるという意味。ちなみに、私はこの回答を思いついてしまった。誰でも大なり小なりのサイコパス的特性は持っている。そのため、数例の回答でサイコパス的回答をしたとしても、それがすぐに治療が必要なレベルの問題であるとは思わないでもらいたい。ちなみに、サイコパスは治療といっても、傷を絆創膏《ばんそうこう》で治すような簡単なものにはならないし、治療が可能なのかどうかすら、現在の医療ではまだよくわかっていない）。

サイコパスについて詳しくは、中野信子先生の著書『サイコパス』が的確で短くまとまっており、お勧めであるので、興味を持たれた方はそちらを読んでいただきたい。

サイコパス気質は一体なぜ人類の進化の中で滅亡しなかったのか？

実は感情を抑制し合理的に自己の利益を追求することは、ＤＮＡ伝播《でんぱ》にとって有益に働くケースがあったと考えることができる。極端な例ではあるが、自己利益のための殺人がＤＮＡ伝播にとって効果的であるとする論文が存在する。

ベネズエラ南部（ブラジルとの境）のヤノマミという部族では、25歳を超える男性の44％

に殺人の経験がある。この時、殺人経験ありの男性では、平均の妻の数が1.63人、子供の数が4.91人となるのに対して、殺人経験なしの男性では、平均の妻の数が0.63人、子供の数が1.59人と大きく低下することがわかっている。

つまり、ある種の人間同士の競争においては、暴力や犯罪によって権利を強く主張することが有利に働いてしまうという事実がどうもありそうなのである。暴力的で積極的な他者への介入が、殺人と婚姻のチャンスを同時に上げているのである。

ちなみに、ヤノマミは新生児が生まれた瞬間、人間として育てるか精霊として天に還すかを判断し、天に還す場合、バナナの葉に包んでアリ塚に置き、そのまま殺してしまうという風習も持っている。この文化は犯罪とは一概にはいえないが、価値観として興味深い。日本人からすれば、明らかに正すべき文化（悪習）といえるかもしれないが、ここまで述べてきた通り、殺人でさえも文化や多数派・少数派といった要因によって、肯定されうるのが人間社会なのである。

他にも、2018年8月に「ネイチャー・ヒューマン・ビヘービアー」に掲載された論文も興味深い。この論文では、ボリビアのアマゾンに住むチマネの五つの村の異性愛の女性105

人にインタビューによる調査を行った。

その結果、婚姻関係にある親密なパートナーからの暴力を受ける女性たちは、暴力を受けない女性たちより、平均して多くの子供を産んでいることが判明した（なお、この「暴力」には性暴力も含まれているため、暴力が直接的な子供が増える要因ともなっていた）。近親者間暴力が子の数を増やすように作用している可能性があるのである。つまり、ＤＶ（ドメスティックバイオレンス）はＤＮＡの伝播に役立つからなくならないという可能性があるのだ。ＤＶもＤＮＡという人間の本質に操られた、意志を超えた、脳の欲望として考えることができるのかもしれない。

もちろん、だからといって、現在の社会でＤＶが許容されるものだという主張では全くない。根絶されるべき問題であると思っているし、被害者の救済が望まれることは明記しておく。


サイコパスの扁桃体は、正常者のそれよりも体積が18％低下していることが報告されている。扁桃体の体積の低下は、恐怖感情の低下と関連していることが想定されている。つまり、罪を犯してもそれに見合った恐怖を感じないということである。

極度の虚言癖者の前頭前皮質は、正常者のそれよりも体積が22％増加していることも知られている。前頭前皮質は「相手の心を読む」「思考力」と関係があるといわれており、サイコパスがどうすれば他者を騙せるか、一般人以上の思考力を使って、判断していることがうかがえる。

暴力性の遺伝率は、一卵性双生児と二卵性双生児の比較研究から40～45％程度であるとされている。実の親の犯罪件数は、子供の犯罪件数と相関するが、それはたとえ里子に出された子供であっても、依然として高く相関することも知られており、犯罪になんらかの遺伝的要因があることは明確である。

社会的に許容された少数派が人類を進化させてきた、という進化心理学的な仮説も存在する。例えば、偉人のほとんどは発達障害の傾向があったのではないか？　とする言説がある。アインシュタイン、エジソン、モーツァルト、ビル・ゲイツ、ザッカーバーグ、スティーブ・ジョブズ、彼らの記録を紐解くと、おそらく発達障害の傾向があったと考えられる。人間にとって本当に重要な発見は、発達障害という少数派が相対的に、比率的により多く切り開いてきた可能性があるのだ。

ここで、凶悪犯罪者が発達障害だという意味で述べている訳ではないことには注意が必要である。私がいいたいのは、脳には強い個性があるという事実だ。凶悪犯罪者を賞賛することは全くしていない。彼らは法によって裁かれるべきだ（ただし死刑が最適かどうかは私にはまだわからない）。

しかし、人類の長い歴史を見ると、犯罪を犯さない範疇《はんちゅう》で脳に強い個性を持つある種の異常者（犯罪者は含めたくない）が、そのままでは閉塞した存在になりかねない人類を、新しい地平に導いてきた可能性もあるのかもしれないのである。

2-5　少数派の人々を社会に内包する仕組み

沖縄には、女性シャーマンの「ユタ」という存在（人物）が今もいる。精神疾患者は時に幻聴や幻覚を報告する。この状態を神との交信として、聖なるもの「カミダーリ」（という名前の現象）として崇める。精神疾患状態を社会として許容する。神と交信することで、人々の悩みを救い、正しい社会のあり方を提示するという存在だ。

シャーマンの存在は、沖縄以外にも、世界各国で報告されている。古くは卑弥呼もシャーマンであったといわれる。全てのシャーマンに当てはまる訳ではないが、これは精神障害者を救う社会的な仕組みであった可能性が指摘できる。少数派としての精神障害者を社会からつまはじきにせず、社会に内包させる仕組み、これがシャーマンだったのではないだろうか（繰り返すが、全てのシャーマンがそうだという訳ではない）。

彼らの異常行動を神との交信と捉えて、彼らを「社会内の人物」として評価する。この仕組みは、精神疾患者による犯罪を抑止できていた部分があるのかもしれない。村社会《ムラ》が崩壊し、都市に孤立させられた存在として放置されている現代人の我々は、こういった犯罪抑止の仕組みを完全に失っているといえる。

横溝正史の『八つ墓村』のモデルとなった、津山30人殺しという事件がある。１９３８年5月21日未明に、岡山県津山市加茂町行重の貝尾・坂元両集落で発生した大量殺人事件で、その名の通り、30人をたった１人の村人、都井睦雄が殺し、その後自殺を遂げた事件である。

これも村社会が崩壊していく中で、心理的・脳的に異常を来した人物を村の中で内包できなかった事例と考えることができるかもしれない。なぜならその後の村人たちからのインタビューから、精神疾患と思われる症状を来し始めた都井睦雄を村八分にしたという証言が得られているのである（詳しくは筑波昭著『津山三十人殺し　日本犯罪史上空前の惨劇』などを参考にしてもらいたい）。

２００８年６月８日に、東京都千代田区外神田で加藤智大によって行われた通り魔殺傷事件、通称「秋葉原殺傷事件」。７人が死亡、10人が重軽傷を負ったこの事件も広く考えれば、やはり脳の異常性を「大丈夫だ」として社会のメンバーに内包する仕組みがなかったことと関連しているように思う。犯人の加藤と話をしてくれた、インターネット掲示板という村に内包されなくなった時、彼はその脳の異常性を、人を殺すという形で世間に問うことしかできなかったのだ。彼らをただ断罪するだけでは何も解決しない。

実際に、秋葉原で起こった悲劇から何も学ばれずに、今度は相模原障害者施設殺傷事件が起きてしまった。相模原の事件は、防ぐことができたのではなかっただろうか。脳の治療が犯罪の抑止、予防につながると思えてならない。

ちなみに、相模原障害者施設殺傷事件の犯人の一連の発言とそれを支える思想は異常であり、現在の脳科学では解明されていないが、何らかの脳の疾患があっただろうと私は思っている。フィニアス・ゲージの事例のように、犯人の脳を50年後のより進んだ脳科学、医学で解析すれば、何かしらがわかる可能性がある。ただ断罪するだけでなく、今後の犯罪抑止技術向上のためにも、彼の脳を保存しておくべきではないかと私は考えている。

2019年、映画『JOKER』が大ヒットした。ホアキン・フェニックスが演じた主人公で後のジョーカーのアーサー・フレックは、先天性の障害で急な笑いを意志では堪《こら》えられず、所構わずに大笑いをしてしまう（細かくいえば、本人は先天性のものだと思っているが、明らかに虐待からきた障害である）。そのため、あちこちで人間的なトラブルを抱え、暴力を受ける。さらに、最愛の母からも幼い頃から虐待を受けていた事実を知り、自分を捨てた父と思しき金持ちからは邪険に扱われ、全方位的に人間関係、社会に絶望する。

まさに「無敵の人」（失う家族や財産がないことから、犯罪を行う抑制的な要因がなく、極めて残忍な行為が可能であるとされる人物を指すネットスラング）が悪人として社会に復讐していく様子が描かれている。

この映画の大ヒットの陰には、一般的な大衆と呼ばれる側の人間であっても「無敵の人」に対してなんらかの共感や同情を抱ける資質があるということを意味している、と私は思っている。この同情や共感をベースに、彼らのような被虐待経験者など精神疾患に追い込まれた「被害者」に対して、治療などを無償で提供できるような社会システムを構築することが求められる。

１９１６年公開のアメリカ映画『イントレランス』（監督・脚本はＤ・Ｗ・グリフィス）は映画の冒頭でこんな台詞《せりふ》を使っている。

「世の中から寛容さが失われた時、悲劇は起こる。いつの時代も、どの国でも、それは変わらない」

私は、被虐待経験者に寄り添いたい。

我々に自由意志はあるのか？　という疑問が脳から犯罪を考えることで再度浮かび上がる。我々には、自由な意志など存在しない。全ての行動は意志で決まるのではなく、環境との相互作用の必然的な帰結として決まっている。我々は自主的に生きているのではなく、環境からの作用によって「生かされている」のだ。

クレプトマニアが、万引きを止められない、アルコール依存症の人が、酒を止められない、犯罪者が捕まることがわかっていてもその行動を止められない。人間の意志を超えたところで、我々は操られている。**我々は神、つまり環境と身体の相互作用によって生じる脳内活動という不可避で圧倒的な人間を操作する力**の奴隷なのだ。脳が意志よりも先んじるのである。

リベットの実験と全く同じである。意志よりも脳が先んじるがゆえに、我々は意志の力では、脳が規定する行動を止めることができないのである。

ちなみに、自由意志の有無の二つの選択肢のみなのかというと、実際にはそうでない可能性もある。國分功一郎氏の著書『中動態の世界　意志と責任の考古学』には、過去我々人間は、能動と受動の間にグラデーションを設け、いずれともつかぬ中動態の世界を持っていたことが解説されている。決して意志の有無の2分岐ではなく、他の可能性もあるということである。この点、より深く学びたい方は國分氏の書籍をお読みいただきたい。

私は小学2年生の時に引っ越しで転校をした。転校前は誰とでも話せて人前に立つのも苦でない子供だったのだが、転校後のコミュニティーが合わず、人前で話すのがとても苦手になりいじめられもした。

このように環境、ひいては人間関係の帰結によってその人物の行動が決まる体験は、誰しもあるのではないだろうか。自分の意志ではなんともならない、ある種の大きな渦に飲み込まれたような「環境の圧倒的な強さ」「行動を圧倒的に規制する力」は誰しも一度や二度は体験しているだろう。

アメリカではあり得ないといわれた「トランプ大統領が選挙で当選する」というある種の渦、イギリスでもＥＵ離脱という渦が起こった。個人のレベルではどうにもならない大きな渦に巻き込まれることは、国政のレベルでも起こるし、個人の生活レベルでも起こるのである。

私にも正解は見えていない。人間の存在の本質に関わる問題。人間の業《ごう》。もし、全ての人間の行動が意志ではなく、環境から与えられた、必須で、不可避のものだとすれば、悪人とされる人こそ、人間の業の本質をより強く与えられた存在であり、たまたま多数派に割り振られた存在よりも、よほど強く何かを学べているのかもしれない。

善人なほもて往生をとぐ、いはんや悪人をや。

『歎異抄』の第３章より　親鸞

図 2-5　親鸞

現代語訳

善人であっても往生を遂げる（極楽浄土へ行ける）という、であれば悪人が往生を遂げることはいうまでもないことである。

脳に異常があったせいで、犯罪を否応なくおかしてしまい、社会からつまはじきにされ、さらには罰として殺される。親鸞の悪人正機説の意味合いが、私にはここで強く感じられる。むしろ往生すべきなのは悪人なのである。

繰り返し注意するが、現行の法システムでは、犯罪者は断罪されるべきであり、辛い思いをする人が少しでも減るようにしたいと切に思っている。犯罪を擁護する意図は絶対にないので、誤解なきようにしてもらいたい。

最後に、この章への反論に対して

先天的な脳の異常、性癖のようないろんな好み、家庭的な事情などから犯罪につながる要因があったとしても、それを犯罪の原因だと認めてよいとは思えない、それを配慮する必要はないという意見も当然あり得るだろう。

どんな要因であっても、それは本人の責任の範疇であると。「親」や「脳」という要因があったとしても、その状況をどう受け入れたのかについては絶対的に「自分」という要因がある。そうならば、やはりどのような犯罪も自己責任であるはずだ。そして、それを前提とせねば「法」は意味を成さなくなり、法治国家が瓦解する。

誰かや何かに責任を押し付けて、責任を放棄するのは中学生までだろうという意見は当然あり得る。自由意志の話も「詭弁《きべん》だ！」と。これらの批判は当然あり得るし、現在の世界の認識としてはそれがむしろ正解である。

しかしである、**心理学的決定論**という観念が世界を根本から変えてしまうのだ。新しい時代には、新しい価値観、考え方が生まれる。そういう考え方もあり得るのだなという寛容さも必要ではないかと私は思っている。

私は、心理学的決定論の世界観を、旧来の世界観を持つ人たちに紹介はするが、それを押し付ける意図は全くない。あくまでも考え方として、双方に寛容さを求めたいだけである。同時に、心理学的決定論の悪用（かなり予想される事態である）も、しないでもらいたいと切に願っている。

第3章　AI

心の問題、意志や意識の問題を２０２１年の「今」考える上で、ＡＩのことは避けては通れない。読者の皆さんも、ＡＩと心理学の関係には興味があるはずだ。この章ではこの問題について解説をしていきたい。

ＡＩ（Artificial Intelligence）、日本語でいえば人工知能。この数年ＡＩの飛躍は凄まじく、ＡＩはどこまで行けるのかについて、市井の人たちの注目が集まっている。

私が思う結論を先にいってしまうなら、「ＡＩは我々が存命中にも意識を持つ」だろう。しかし、それがどういう仕組みで意識を持っているのかについては、人間はわからないままだろう。

つまり、意識を作れる時代は来ても、なぜ意識があるのか？　意識とは何か？　についてはわからない状態のままになる。ＡＩに自由意志が芽生えたとしても、なぜそれが生じたのか？　は人間にはわからない。

ただ、ＡＩに自由意志が生まれることはすでに決まった道だと思われる。心理学的決定論は、人間のみに当てはまる自然法則ではない。自然界の全てに当てはまる意識の法則であるから、ＡＩにも当然当てはまるはずだ。我々の一つ一つの行動と、ＡＩの一つ一つの判断も、膨大な世界（環境）との相互作用によって必然的に一意に定まっていることがわかるだろう。リベットの実験や犯罪心理学において明らかになった、脳が規定する行動は、ＡＩが取る一つ一つの判断と全く同じである。ＡＩについて考えることは、心の本質を問うことと同義であり、極めて重要な心理学的決定論のエビデンスの一部になる。そのことを以降で説明していきたい。

３‐１　ＡＩのブラックボックス

２０１７年、第２期電王戦で、将棋ＡＩのポナンザは、当時将棋界の最高位であった、佐藤天彦名人に対して、第１局は71手、第２局は94手で２番続けて勝利してしまった。ＡＩが人間を超えてしまったのだ。ポナンザは、一手一手が素晴らしく研ぎ澄まされていた。

２０２０年６月28日、藤井聡太・七段は王位戦において「３一銀」の一手を打った。この一手はＡＩが６億手を読んだ際に選べるとする一手であり、世間は、藤井聡太はＡＩ並みに先を見ていたと賞賛した。

翌日、加藤一二三・九段は、この世間の驚き方に対して「人間のひらめきを過小視しすぎ

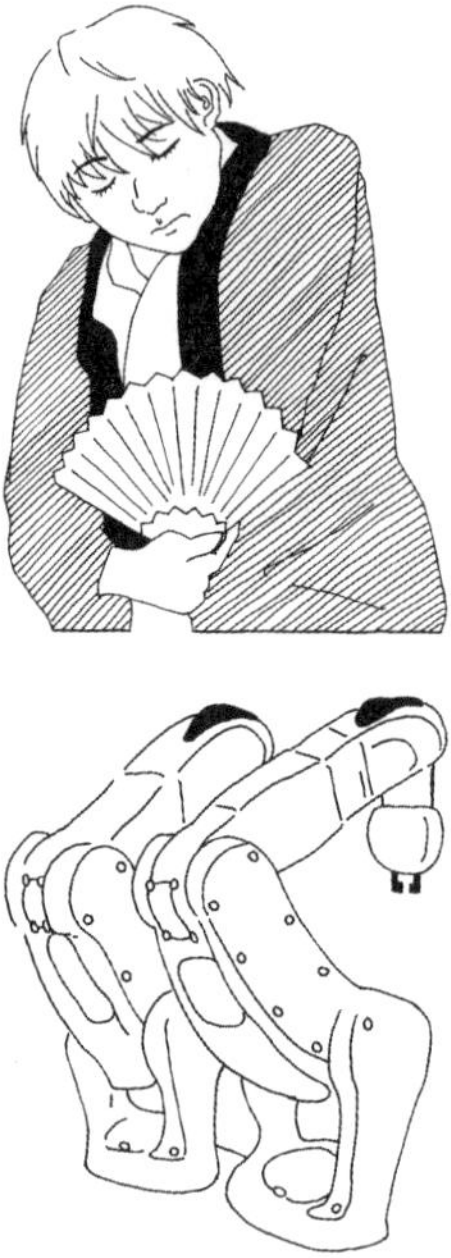

図 3-1　佐藤天彦名人（上）に勝ったポナンザ

ている」と警鐘を鳴らした。加藤氏は、ＡＩの方が人間よりも優れているという前提で将棋を理解することを批判したのである。彼だけが、藤井聡太がＡＩよりも優っている面があると信じていたのかもしれない。

10年前であれば、このような警鐘は全く必要なかった。ＡＩを信奉する人がほとんどいなかったからである。しかし、わずか10年で世間は、少なくとも将棋の戦略としてＡＩが「絶対的な正解」で、「藤井聡太であってもＡＩは超えられない」と認識するようになったのである。

ポナンザがどのようにその一手を選ぶかは、ポナンザ同士で700万局を対戦させ、勝率が少しでも高くなる一手を選択するというアルゴリズムによっていた。しかし、開発者の山本一成氏にさえも、なぜその一手になるのか？　を解説、説明することは、もはやできなくなっていた。ポナンザに限らず、ＡＩの「選択」を人間にわかるように説明することが、もはやできないという問題をＡＩ業界全体が抱えている。

これがＡＩのブラックボックス問題と呼ばれるものである。膨大な情報に基づいて、なんらかの判断、選択をしている訳だが、それを人間にわかる形で説明することがもはやできないのである。

700万局をどのように重み付けし統合して、その一手を導き出しているのかについては、人間には理解できない。どれくらい理解できないかといえば、ＡＩ研究では、ＡＩの選択に人間でも理解できるような説明を施すことそれ自体が、重要な研究トピックになっており(Explainable AI, XAIと呼ばれている)、最新の論文もどんどん刊行されているくらいなのである。

ＡＩの説明可能性・解釈可能性は、特に人命が関わる自動運転や医療などの分野で重要視されていて、どこまでそれが実現可能なのか？　は現時点ではまだ不明瞭である。個人的な見解をいえば、XAI研究が進展してもＡＩのブラックボックス問題の中核部分は解かれないままになるのではないかと思っている。

3-2 脳のブラックボックス

AIのブラックボックスは、脳のブラックボックスと相似形である。そこで、脳のブラックボックスを説明したい。

脳の神経細胞（ニューロン）を一つだけ取り出せば、わかっていないことはもはやないくらいに、その理解が十分になされている。電気的な特性、どうすれば活動電位と呼ばれる、電気信号が生じるのか？　細胞膜やナトリウムやカリウムのイオンの動きが精緻《せいち》に理解されている。

しかし、それが1000億個のオーダーで集まった時に生じる「心」については、どうしてそれが生まれるのか何もわかっていない。一つ一つはわかっているはずなのに、それが膨大な数、集積するとブラックボックスが生まれてしまうのである。

30年前は、一度に電気活動を記録できる脳細胞が一つから数個のオーダーであったため、技術が上がり同時に数万個の脳細胞記録が可能になれば、もっと多くのことがわかるだろうと予想されていた。現在、それが現実に可能になり、広範な脳部位から数万個以上の細胞を同時記録できるようになった。それにもかかわらず、それらの活動をどのように解析すれば心に迫れるのか？　がわからないのである。膨大なデータの解析方法、まとめ方がわからないのだ。脳科学者たちは、脳のブラックボックスの前で立ち尽くしているのである。

3-3　ハードプロブレム

そもそも、この問題は20年以上も前に指摘されていた。神経哲学者のデビッド・チャーマーズは、脳科学の進展で、一見色々なことが明らかになってきているように見えても、その実、重要で本質的な問い、すなわち「ハードプロブレム」についての答えは何も得られていないことを、1995年に指摘していた。

ハードプロブレムとは、具体的には、「私とは何か？」「モノから心が生まれるのはなぜか？」「意識とは何か？」といった問いである。

例えば、色を波長に置き換える、視知覚を視覚皮質の神経細胞の働きに置き換えるといった問題は簡単に解ける。だから、これらはイージープロブレムである。

それに対して、今の科学では全く歯が立たない問題、例えば、私が心の中でありありと感じる赤の赤さとは何か？　そのクオリア（後に説明する）はどうして生まれるのか？　は解けない困難な問題、ハードプロブレムである。

脳科学者たちは、素朴な唯物論（心と物質が同一次元の存在として語れる、そもそもこの世界は絶対的な物理的存在のみで構成される、という哲学的立場）を前提にして話を進めてきた。つまり、心がモノで説明できると思い込んでいたのである。脳細胞の活動は、言語や数式といった命題の形に変換できる。一方で、私にとっての赤の赤さや恋人を思う時のあの気持ちは命題の形には変換できない。

図3-2　デビッド・チャーマーズ

ここで、絶対に変換できないと断言すると唯心論の立場になるため、ここではとりあえず「実際は、命題に変換できる可能性はあるが、現時点の人間にはできていない」としておきたい。

つまり、脳細胞で心を説明するなら、唯物論と唯心論の長年の哲学的な溝を埋める覚悟が必要になるのである。

これこそがチャーマーズの指摘の本質である。

空海は、日本史上最も聡明であり極めて高い知性を持った人物だったといわれている。その空海も密教の教えについて、最終的には言語化ではなく、仏像や仏画を作り、それを通して言語以外の方法で身につけるしかないという言説を残している。そして実際に多数の仏像と仏画の制作を指示している。空海はハードプロブレムに挑み、言語化を諦めたのではないだろうか？

図3-3　空海による東寺の仏像。立体曼荼羅《まんだら》とも呼ばれる

高野山では、今も空海が生きて修行されているという（真偽は定かではないが、高野山の高僧たちは、今も空海のための食事を作り、彼に届けている。一般人から見れば、そういう儀式をまだしているということ）。解けないハードプロブレムについて、一般の我々にでもわかるように説明するために、言語ではなく「アート」を選択した彼の決断は実に興味深い。

現代でいえば、ヲタクがキャラクターを見て「尊い……」と語彙《ごい》を失い、ファンアートなどを制作してそれをネットに投稿する時の体験と精神的な行為にも、共通性を感じてしまう。アートと言葉の相容れない、それでもなんとか本質を伝えたいという伝道者の気持ちである。

3-4　クオリア

私にとっての赤は、他の人の赤と同じだろうか？　自分自身にしか味わえない、赤の赤さがある。この自分自身にしかアクセスできない感覚の質感のことを、クオリアと呼ぶ。

私の赤は、あの子にとっては青かもしれない。そのように誰しも考えたことがあるだろう。仮にそうだったとしても、私たちはそのことに気がつけない。本当はすれ違ったままなのに、一生そのことに気がつけないのだ。これがクオリア問題である。さながら、アンジャッシュのコントのように我々は日々すれ違いながら、それに気がついていないのかもしれない。

アンジャッシュのあるコントでは、バイトの面接に臨んでいると思っている大嶋さんを、相方の渡部さんは万引きで捕まった犯人だと思い込んでいるという状態が冒頭でわかりやすく観客に提示される。渡部さんは万引き犯だと思っているので「君か！　店長だ！　座りなさい。私くらい長年経験があるとね。だいたいわかっちゃうんだ。君は見るからにやりそうだな!!」と犯行を責める。しかし、大嶋さんは面接が始まったと思っているので「ありがとうございます!!」と大きな声で嬉しそうに返事してしまう。

このような「すれ違い」が最後まで解決せずに混乱を極めていくのが、アンジャッシュのコントの醍醐味である。

観客だけがすれ違いに気がついているのだが、これがクオリア問題の場合、すれ違いがあるとしてそれに気がつけるのは「神様」だけということになる。一方は青を赤として見ていて、もう一方は赤を赤として見ている。2人は会話上このすれ違いに気がつけない。全てを知る神様のみが、すれ違いを笑っているのかもしれない。

クオリアは命題に変換できないと思われる。数式や言語には置き換えられない。赤の赤さを1000時間かけて、何万語と言葉を費やしても、赤の赤さを100％再現できない。恋人に抱くあの気持ちは、言語化できない。

恋人を大好きな気持ちを第三者に伝える場合、「好きだ」だけでは事足りない。「好きだ」を100回書いたとしても、好きな気持ちを想像するのにはまだ足りない。だからこそ恋愛小説では、登場人物の出会いや生い立ちを交え、その愛について周辺事項を埋めた上で、その「好き」をありありと想像できる形に仕上げるのだ。小説とは、クオリアの言語化に挑戦した人間の営みなのである。

村上春樹は、感情というクオリアを言葉巧みに表現し、そのクオリアが伝わりうるような小説を書く。もちろん実際には、100人が読めば、100人の異なる「好きだ」というクオリアの理解が生まれる。それらがどれくらい共通性を持っているのかはわからない。だがしかし、クオリアに切に迫っているからこそそれが売れるのである。

AIはクオリアを持つことができるのだろうか？　私はできると思っている。そして、それはそう遠くない未来だ。おそらく私もまだ生きているうちに。

3-5　意識を持つAI

日本の外務省が作ったコンピュータプログラムが広大なネットに解き放たれたことで、やがて自分を生命体だと主張し始める。これは、『攻殻機動隊』の中で描かれた「人形遣い」というＡＩの例である。『２００１年宇宙の旅』でも、人工知能のＨＡＬの反乱が描かれる。『ブレードランナー』では、人造人間「レプリカント」が意識らしきものを持ち、人間とＡＩの間の恋に悩むのである。

より最近の作品で『Detroit Become Human』というゲームでは、意識と自我を持ったＲＡ９というアンドロイドが人権を主張し人間と戦う（ただし、厳密には「ＲＡ９＝アンドロイド」であるとは明言されておらず、主人公３人のアンドロイドとも取れるし、それを操作するプレーヤー自身がＲＡ９だと理解することもできる点が、この作品の素晴らしいところなので、ぜひ皆さんにもプレーしてもらいたい）。

アメリカのドラマ作品『WESTWORLD』では、「ホスト」と呼ばれるアンドロイドたちに自我が芽生え、人間と対峙していく様子が描かれている。韓国人の前衛漫画家であるBoichi 先生による『ORIGIN』も意識とアンドロイドの問題を正面から扱っている（これらの作品は心理学をしっかり下敷きにして作ってあり、非常に面白く、心理学を学ぶ人は必見の作品であることを申し添えたい）。

ＡＩが本当の意味で意識や意志を持っているのかどうかは、人間には確認するすべがないといえる。それどころか、そもそも人間は自分以外の人間にさえも、それらが本当にあるのかどうかを確認するすべがない。

「哲学的ゾンビ」という思考実験がある。外から見える行動、反応はあたかもクオリアがあり、自分と同じ「心」を持った人間に見えても、実際にはそれらがないゾンビがいると想定する。この時、我々にはその人物がゾンビであるのか、それとも自分と同じ人間なのかを区別するすべがないのだ。つまり、そもそも人間は自分以外の存在に心を見出すとしても、それはあくまでも「投影する心」とでもいうべきものに過ぎないのだ。

例えば、ＳＯＮＹから発売されているロボット犬ａｉｂｏに心があるのかどうか？　おそらく多くの人は「ない」というだろう。しかし、大事に飼っている飼い主は、ａｉｂｏに対して心を投影し、心を見出すことができている。この時、その愛されているａｉｂｏは、その人にとって心がある状態だといえる。

自分以外の他人の心も、所詮その実存は証明できないのだから、ａｉｂｏに対して他の人間と同様のレベルで心を投影し、見出すことができるならば、そのａｉｂｏには心があるといえるだろう。

　ａｉｂｏ以前の、もっとシンプルなぬいぐるみやドールにも心を見出せる。愛好者によれば、それらを何日も大切にしていると、ある日突然表情があるように見えたりするという。これも「投影する心」から来ているのだと思われる。

　この心の解釈は、チューリングテストの概念を拡張したものだといえる。

　チューリングテストとは、イギリスの数学者でコンピュータの概念の基礎を開発したアラン・チューリングが提唱した考え方で、１９５０年に『コンピューティング・マシナリー・アンド・インテリジェンス』の中で提唱した概念である。

　例えばオンライン上で相手とチャットをする。この時、チャットの相手は本物の人間か、あるいはＡＩであるとする。被験者は十分なチャットをした後に、その相手がＡＩなのか人間なのかを判定する。被験者が、機械と人間との確実な区別ができないなら、このＡＩは十分に知的であり、人間的であると考えてよく、これをチューリングテスト

図3-4　アラン・チューリング

図 3-5　中国語の部屋

に合格したと呼ぶ。

同様の思考実験に中国語の部屋と呼ばれるものもある。中国語を全く喋れない人物を小部屋に閉じ込める。この部屋には、中国語のやりとりに関して、完璧なマニュアルが置いてあり、中の人は、このマニュアルに完全に従って、外から受け取った中国語の文章に返答をする。この時、外の人が全く自然に中国語のやりとりができたとして、この中国語の部屋は、中国語を話せたとみなせるだろうか？

哲学的ゾンビ、チューリングテスト、中国語の部屋が共通して持っている考え方は、内部で何が起こっているかは関係なく、外部で見えている出力部分が人間にとって自然であるならば、人間性を十分に投影できる、そのためそこには心がある、と判定してしまっても構わない、というものだ。

アラン・チューリングのチューリングテストをクリアできるＡＩは間違いなく出てくる。実際、最近の例では『ファイナルファンタジー15』に使われたＡＩが「かなり人間を感じさせてくれた」という口コミがネット上ではちらほら見られた。少なくとも人間側が心を十分に投影できるようなＡＩは時間の問題で出てくるはずだ。

ちなみに、チューリングは同性愛者であり、それを隠して行動レベルでは異性愛者を装った。だからこそ、チューリングテストという概念を思いついたのではないかと思うところもある（本人のセクシャリティーを無視し、自分を理解しようとしない人間に囲まれて生活する中で、心の本質について深く洞察していたに違いない）。

当時のイギリスは同性愛が違法だったため、１９５２年に同性愛で摘発され化学的去勢（女性ホルモンの投与）をされてしまう。そして１９５４年、青酸中毒による自殺（？）によって、この世を去る。映画『白雪姫』の毒林檎に見立てた自殺であるといわれているが、その真相はいまだにわかっていない。

ＡＩが意識を持つことは確実だと私は思う。しかし、ブラックボックスがある限り、唯心論と唯物論の二つを統合し超克できない限り、ＡＩが意識を持ったとしても、それがなぜなのか？　どういうメカニズムで意識が彼らにあるのか？　については人間には理解できないだろう。何らかの「原意識」のようなものは、すでに現時点のＡＩの中に生じている可能性すらある。外から確認できない以上、そういう空想を楽しむことは可能である。

脳の電気的な活動の全てを命題にできたとしても、意識の謎が解かれないのと同じで、ＡＩに意識が生じても、その理由は説明できない。意識を作ることはできても、その原因は説明ができない。そういう時代に我々は突入しかかっている。


ＡＩの判断と人間の行動の相似形とは、膨大な情報が与えられ、その帰結として一つの行動が選択されることだ。

我々人間には、膨大すぎる情報のやりとりを全て理解することは、もはや不可能だ。情報のやりとりを理解することが不可能であるため、我々の行動には「自由意志」という誤解、幻影が生じ得るのだ。そしてそれは、ＡＩでは「ブラックボックス」といわれるのだ。

しかし、我々の行動もＡＩの選択も、自由意志などなく、膨大な情報から一意に導かれた唯一の結論であるのだ。判断、結論に至る過程が理解不能だからこそ、我々は「自由」を感じるのだが、その「自由」は錯覚なのだ。実際には、全てが一意に事前に定まっている。

我々の自由意志と、ＡＩの判断そしてブラックボックスは相似形というよりも、むしろ全く同一であるとさえいえるだろう。

図3-6　ゴットフリート・ヴィルヘルム・ライプニッツ

最後に、ＡＩや脳科学の現在を端的に予見した１７１４年のライプニッツの言葉を示したい。

ものを考えたり、感じたり、知覚したりできる仕掛けの機械があるとする。その機械全体を同じ割合で拡大し、風車小屋の中にでも入るようにその中に入ってみたとする。だがその場合、機械の内部を探って、目に映るものといえば、部分部分が互いに動かしあっている姿だけで、表象について説明するに足るものは決して発見できない。

ゴットフリート・ヴィルヘルム・ライプニッツ『モナドロジー』１７１４年

第4章

そもそも人間の知っている世界とは？——知覚について

私が心理学的決定論を理解するに至ったのは心理学を徹底的に学んだからである。その中でも、私の専門は知覚心理学（その中でも視覚心理学）である。この知覚心理学について解説を施すことで、読者の皆さんにも私の思考の筋道を追体験してもらえると思う。

そこで、この章では知覚心理学について紹介していく。心理学的決定論において、知覚は「入り口となるもの」という意味で重要なポジションにある。

我々は自分の行動を自由に選択していると誤解している。しかし、その行動の選択は、知覚という段階で得られた情報処理からの結論に縛られている。

知覚心理学においても、リベットの実験同様に、心理学的決定論の相似形が浮かび上がる。人間の行動とは意識や意志によって制御されていると思われがちだが、その実、外界つまり環境から得られる刺激に対して、反応を繰り返しているだけだと知覚心理学者（特に行動主義者）は考えてきた。

全く知覚がない人間を想定することは可能だろうか？　そういう人間には心理学的決定論が当てはまらないといいえそうだ。しかし、おそらくそれはもはや人間、ないしは「生物」でさえない可能性がある。外界からなんら刺激を受けずに生存している生物などいないだろう。

そもそも、我々が想定している外界、つまり世界とは、知覚によってのみ体感することが可能な、実にあやふやなものなのだ。これは後述する唯識やベルクソンとガブリエルの哲学的思想（新実在論）とも密接に関連している。知覚心理学を正しく理解することは、我々の行動を一意に決定している、環境との相互作用について正しく理解することである。

知覚は、心理学的決定論に収斂《しゅうれん》していく「心の理解」についての、大きく重要な前提知識となる。

４‐１　知覚心理学とは

知覚心理学は、人間の五感、視覚、聴覚、味覚、嗅覚、触覚について人間の特性を精緻に記述していく学問である。

例えば、高すぎる音（２万Hz以上）や低すぎる音（20Hz以下）は人間には聞こえない（ただし音としてではなく、振動として皮膚感覚で知覚できる時もある）ことを、皆さんは知っているかもしれない。音楽のＣＤは情報の圧縮のため、それらの聞こえない音を全てカットしている。

実はこれは、まさに知覚心理学の学術的成果を用いている。知覚心理学者が、とても低い音からとても高い音を被験者に提示して、どこからどこまでが聞こえるかを調べてきたのである。聞こえる、聞こえないという反応をボタン押しのような行動の形にしてデータを多数とり、人間の可聴域を調べる。こういった作業が20世紀初頭に行われた。

人間に見える太陽の光の波長を計測するという実験も行われている。可視光と呼ばれるように、人間は青から赤まで波長でいえば380～750nmの光しか目に見えない。それ以上短い波長、長い波長は、それぞれ紫外線、赤外線と呼ばれており、決して見ることができない。この可視光の範囲を計測してきたのも、実は心理学者なのだ。

もう一つ視覚に関していうと、Ｃの切れ目（正式には、ランドルト環という名前）の方向を答える視力検査は、実は簡便な知覚心理学実験であるといえる。視力という人間の脳と心の能力を行動（見えた見えないの正誤）によって明らかにする行動心理実験なのである。

心理学は、匂いとして感じる物質の空間中の密度の限界についても明らかにしてきたし、どれくらい弱くタッチすれば、気がつくか、といった触覚が成立する範囲についても調べてきた。

人間の五感を、観察可能な行動を指標にして明らかにする。それが知覚心理学の歴史である。もちろん、限界を探るだけではなく、どうすればより効果的により強い感覚を与えることができるかといったことも、知覚心理学の主要なテーマとして研究が進められてきた。

端的にまとめると、刺激の物理的な量を増やしたり、減らしたりすることで人間の行動のパターンがどう変わるのかを明らかにする学問、それが知覚心理学である。

4-2　知覚世界と物理世界

「外界」というものがあるとする。人間の外側に物理的に存在している机や椅子、建物や海や山のことを指して、外界といっている。わかりやすく「物理世界」と呼びたい。

この物理世界と、我々の知覚する世界（知覚世界とする）は本質的に異なっている。我々

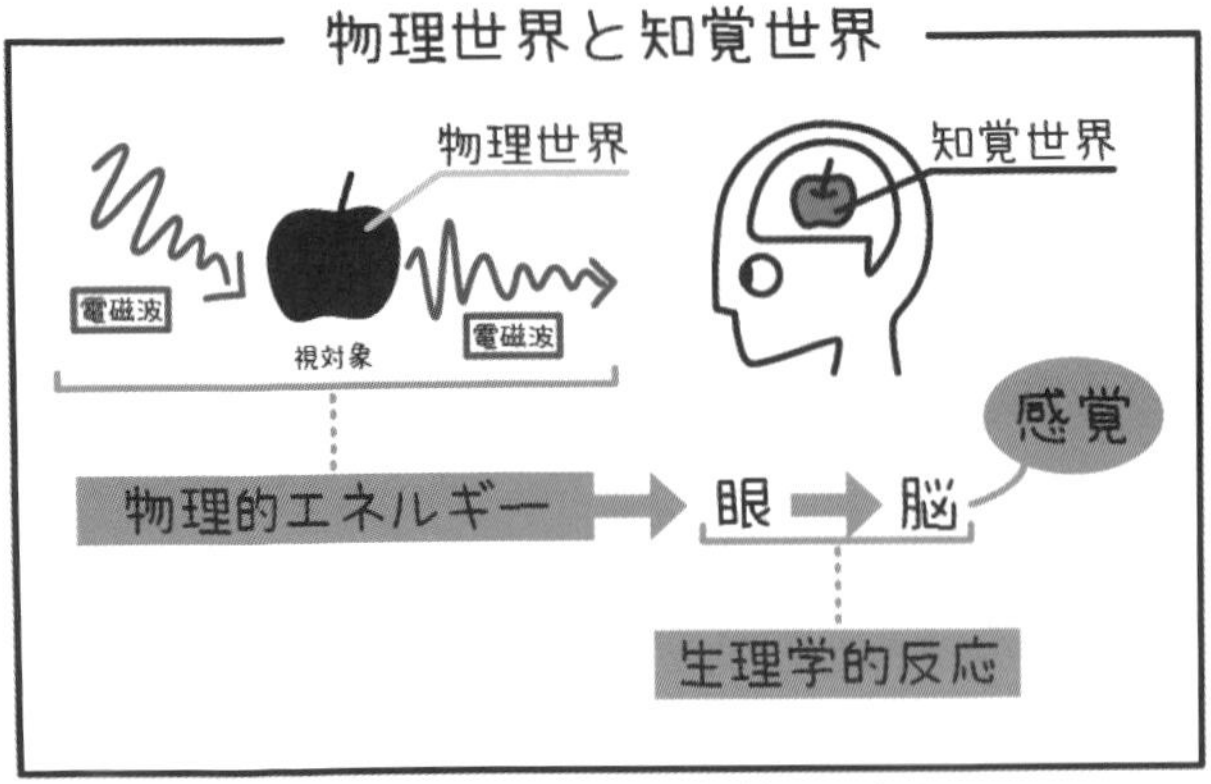

図 4-1　物理世界と我々の知覚する世界は本質的に異なる

には、五感という物理世界を覗く窓がある。そして、五感が知りうる範囲でしか、物理世界を知ることができない。

例えば、犬や猫は人間から見れば「色覚異常」である。彼らの知覚世界は人間の知覚世界と色の点で異なるし、その他ありとあらゆる違いがある。犬は人間の聞こえない高い周波数の音を聞くことができる。人間にはその音は聞こえないが、物理世界には確かに存在するのである。蝶には紫外線を色として知覚できる種がいるが、人間はそれを見ることができない。

五感で世界を切り取る、これはマスコミが世界を切り取っているのと同じである。

我々は、テロリストが非常に怖いものだと怯えているし、彼らと戦わねばならないと思っている。しかし、テロリストによる殺人は年間で1万人にも満たない。

一方で毎年おびただしい数の人間が、肥満による糖尿病や、蚊によるマラリアによって殺されている。それなのに、ドーナツ会社は非難されないし、コーラも売られ続けている。蚊に至っては、日本では全く眼中にない。

世界の真実は、マスコミという窓から提示された歪んだ情報から作られている。そしてこれと同じくらい、我々の知覚世界は物理世界のごくわずかしか、切り取れていない。つまり、必然的に知覚世界は歪《ゆが》んでいるのだ。

錯覚、錯視を見ると、「動いてないはずの絵が動いている！」と驚くことがある。あれらは、物理世界と知覚世界の乖離を端的に示した例であるが、ああいった極端な例でなくても、我々の知覚世界は本質的に歪んだものなのだ。

ミュラー－リヤー錯視では実際には二つの線分の長さが同じであるとしっかりわかっていても、矢羽が外に向いている線分が、内側に向いている線分よりもずっと長く見える。

立命館大学の北岡明佳教授が考案した錯視図形「Rotating Snakes」では、静止画だということが信じられないほどに、図形が回転して見えてしまう（この静止画の基盤になっているのは、「Fraser Wilcox錯視」という運動錯視である〈図4‐3〉。「Rotating Snakes」で検索してもらえれば、もっと強い錯覚が生じる静止画像がネット上で出てくるので、ぜひ見ていただきたい。北岡明佳教授のウェブサイト：http://www.ritsumei.ac.jp/~akitaoka/）。

ちなみに、この静止画が動いて感じる錯視は、美術作品にも巧みに使われている。例えば、印象派の巨匠、モネの「The ice floes」（１８８０）という作品では、流氷と川との上下に存在する縦波のパターーンの明暗がちょうど、動いて見える静止画になっている。そのため、この絵を実際のサイズで観察すると、止まっているはずの流氷が下方向、つまり鑑賞者の方向に迫ってくるように感じられる。モネのテクニックの秀逸さに感服する一枚である（参考文献に、Livingstone,〝Vision & Art〟を挙げておく）。

芸術家といえば、私は森村泰昌さんが好きだ。図4‐5は森村の「肖像・ゴッホ」（１９８５）である。ゴッホの自画像をモチーフにした森村自身のセルフポートレイトである。よく見ると森村がゴッホになりきっているのである。ゴッホが耳を切り落とした後に書いた自

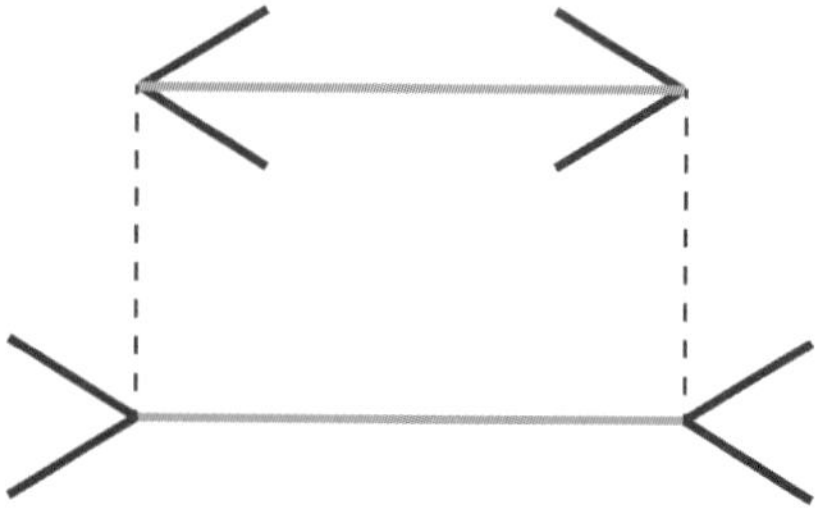

図 4-2　ミュラーリヤー錯視

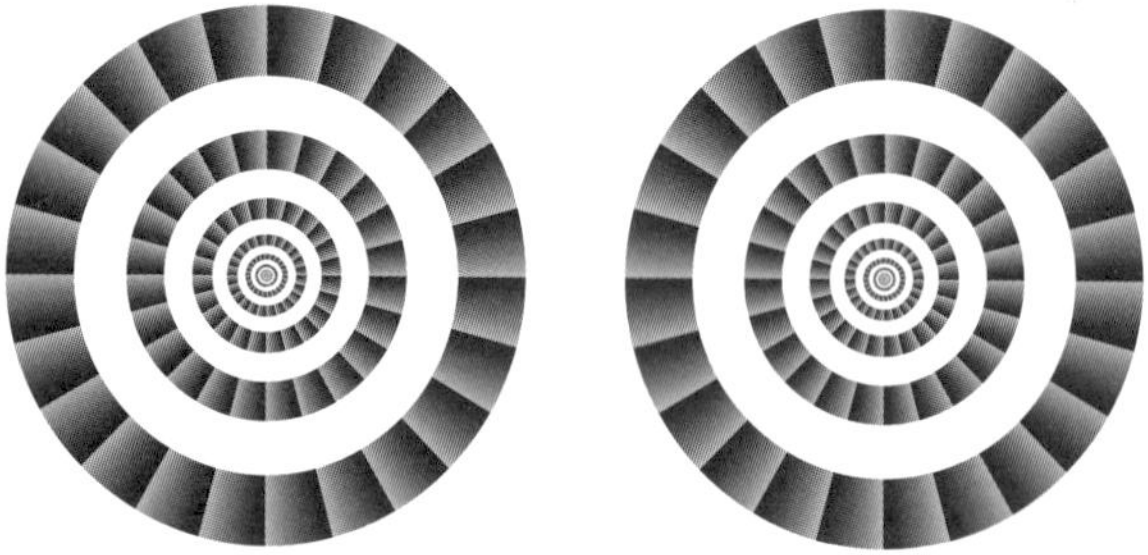

図 4-3　Rotating Snakes の基盤となっている Fraser Wilcox 錯視
北岡明佳教授のウェブサイト：http://www.psy.ritsumei.ac.jp/~akitaoka/Fraser-Wilcox-illusion.html より。

図 4-4　クロード・モネの「The ice floes」（1880）

図 4-5　森村泰昌「肖像・ゴッホ」(1985)

画像に「自分でなる」という試みなのだ。ゴッホの絵に描かれた衣装を作り、顔にドーランを塗り、ゴッホになりきったところでシャッターを切るのである。

この作品を作る過程には、まずゴッホが自らの姿を自分の心というフィルターを通して描くという段階がある。次に、そのゴッホの自画像を鑑賞した森村が、ゴッホの感じたリアリティーを、森村の持ち合わせた感性で再現するという段階が来る。森村の写真はオリジナルのゴッホの絵にそっくりなようだが、そこには森村の持つリアリティーを媒介としたゴッホのリアリティーが再現されているのだ。

森村がゴッホのリアリティーを再現する際に困ったのが「帽子の質感」だったそうだ。実際の毛の帽子ではゴッホの描いた帽子のようにはどうしても作れなかった。そこで森村は、ゴッホの感じた帽子は毛という材質では再現できないと判断し、なんと粘土と釘で全くオリジナルな帽子を作ったのである。この時のゴッホの刺々《とげとげ》しい殺伐とした心が、自画像の帽子

の質感に反映され、それを見た森村は、そのトゲトゲしさを自分のリアリティーとして、粘土と釘で再現したのである。

「Rotating Snakes」に話を戻そう。静止しているはずの物理世界が正解であるとすれば、回転して見えている知覚世界は不正解となるのだが、回転することのリアリティーを優先させるなら、知覚世界こそが正解で、物理世界の方が不正解ではないかとすら思ってしまう。そしてこの疑問は世界の認識の、芯を喰っている（的を射ているという意味のお笑い用語）。これについて説明していきたい。

下に流れる滝などをじっと眺めた後に、脇の岩肌を眺めると、岩肌が上に登って感じることがある。映画のエンドロールをずっと見た後で、映画館の他の位置を眺めると、壁などがじわっと上に動いて感じることがある。これは専門用語で残効（運動残効）と呼ばれている。長く同じ刺激を観察すると、その刺激と反対の知覚が生じる現象である。

この残効では、物理世界上では刺激が存在しないが、知覚世界上では明らかになにがしかが存在している状態であり、二つの世界が明確に乖離している事例である。つまり、滝を見た後の岩肌は、実際には上に上がっていないが、脳の中に刺激としてそれが存在してしまうのである。

また、赤い画面をずっと見た後に、画面から目を外して他所《よそ》を見ると、その世界は緑がかって見える。これを順応（色順応）と呼ぶ。順応は、刺激が存在しているのに、知覚世界上でその存在が十分に強くない状態であるといえる。赤を長時間見ていると、刺激としての赤を適切に処理できなくなり、脳の中で「赤み」が減ってしまう。この時に、世界を見ると、赤みが減ることで、赤の反対色である緑みが一時的に増えてしまう。そのため、世界が緑っぽく見えるのである。

これも知覚世界と物理世界の二つの世界が異なることを示す例である。

真っ暗な部屋から、急に外の明るい広場などに出ると、目がくらむほど眩《まぶ》しく感じる。これは、目の明るさの感度が暗いところでは、暗さへの順応が一時的に上がるため、その感度のままで外の十分に明るい場所に出ると、光を感受しすぎてしまって眩しく感じるのである。外の明るさに順応すると、眩しすぎると感じることは次第になくなっていく。

つまり、物理世界は一定で不変だとしても、それを感じ取って脳内に再現する知覚世界は知覚者の状態に応じて（順応や残効）、コロコロと変わっているのである。

他にも、知覚世界と物理世界が相乗りするような、不思議な両者をつなぐ渚のような状態も存在する。意識には上らないほど弱い刺激が、行動に影響を及ぼす事例「サブリミナル（Subliminal）」とか「プライミング（Priming）」とか呼ばれる心理効果のことである。

サブリミナルでは、知覚世界と物理世界が乖離しているといえるのか、それともいえないのか？　がはっきりと明言できない。

サブリミナルとは「閾値《いきち》以下」という意味である。つまり、物理世界にある刺激の強度が弱すぎて、人間にとって意識的な処理ができないが、それにもかかわらず人間の行動に変化をもたらすような刺激を指している。聞き取れないような小さな音が、何らか行動に影響したり、見えないほど弱い光を実は無意識レベルで感じ取ったりしているといった事例である。

注意が必要なのは、このサブリミナル効果とは、一般の人の多くが思うような効果ではないことだ。例えば、映画視聴中に提示される数ミリ秒の「コーラを飲め」「ポップコーンを食べろ」というサブリミナルのメッセージが実際に売り上げを数十パーセントも変えることがないことはすでにわかっている。

この映画館の有名な事例を、最初に報告したのはジェームズ・ヴィカリーという人物だ。1957年の9月にヴィカリーは、ニュージャージー州フォトリーの実際にある映画館で『ピクニック』という映画一本を見ている間に、5秒ごとに3ミリ秒（1000分の3秒）という極めて短い時間に「ポップコーンを食べろ」と「コーラを飲め」というメッセージを繰り返し提示した。観客はそのメッセージには気づくことはなかったが、その結果、驚くべきことにコーラの売り上げが18％、ポップコーンの売り上げが58％も上がったという報告を行った。

しかし、5年後の1962年、ヴィカリー自身が「あの発表は嘘だった！」と告白している。彼は、当時自身が経営する広告会社の業績不振に悩んでおり、起死回生の一発として、サブリミナルカットの話をゼロから捏造《ねつぞう》したのだ。

ただし、行動にバイアスを与える程度の効果がサブリミナルの映像提示には確かにあることが、2000年代以降に新しい心理実験で明らかにもなっている。

例えば、カナダのワーテルロー大学のストラハンらが、2002年に「ジャーナル・オブ・エクスペリメンタル・ソーシャル・サイコロジー」誌上で、飲み物への好みにサブリミナルカットで偏りを与えることに成功したことを報告している（ちなみに「ヴィカリーのファンタジーを越えて」という秀逸な論文タイトルであった）。

プライミングの解説もしておこう。

例えば、いま読者の皆さんに質問したい（直感的に回答してもらいたい）。

「〝の〟で始まる単語といえば？　〝い〟で始まる単語といえば？」

多くの人は「脳」と「意識」ないしは「意志」を思い浮かべたのではないだろうか？　ここまでこの本を読んできた人は「脳と意識、意志」という単語に普段以上に多く触れていた。その行動の履歴が、今の行動や認識を決定づけてしまうのである。同様に、本の冒頭で示した「シマウマ」の例もプライミングである。

このようにプライミングとは、ある行動に先んじて触れていた別の刺激がその「ある行動」に影響を及ぼす事例を指している。

プライミングは日常の様々な場所で起こっている。ＣＭの効果が最たる例だ。なんとなく「チキンラーメン」を食べたくなって、スーパーで袋を手にする。実は、朝ドラの『まんぷく』で、安藤サクラさんがチキンラーメンを美味しそうに食べるエピソードをその日に見ていたことが無意識に影響していたとか、何となく選んだ洗剤やシャンプーが、よくよく考えるとCMの影響を受けていたなあ、なんていうことは頻繁に起こっているはずである。

世界の見え方、捉え方は、それ以前の（環境からの）刺激の影響を多分に受けているのである。世界をありのまま、あるように捉えることなどできないのだ。

サブリミナルとプライミングの明確な違いは、サブリミナルは「閾下提示」であり、プライミングは原則として閾上の提示であるという点だ。どちらも先に提示された刺激の影響を受けている訳だが、それが明確に知覚されうる強度であった場合には、プライミング、明確に知覚されえない強度であれば、サブリミナルとなる。この点で両者は区別されている。

知覚世界と物理世界は異なる。異なり方のレベルの様々で、両者の渚のような状態も作れる。どちらの世界が「リアル」なのか？　は考え方、価値観、態度によって異なるし、どれが正解かという問題には明確には答えられないと筆者は考えている。

４-３　物理世界を知る神

もし、物理世界を余すことなく知覚できるものがいるとすれば、物理世界の全てを知るものがいるとすれば、それは「神様」と呼ばれるものだろう。ここでの「神様」とは仮想的な存在である。

本書では「神」を「環境と身体の相互作用によって、生じる脳の反応」と定義してきたのだが、「神様」とはまた別の視点で想定される存在であり、神と神様は使い分けたい。

我々は真実の世界と思われる物理世界を、五感という五つの窓を通してしか見ることができない。もし本当に物理世界というものがあり、それの全容を知ることができるなら、それはもはや全ての感覚を持った超常的な存在であることが想定される。

17世紀の哲学者バールーフ・デ・スピノザは神を以下のように定義している。

「神とは、絶対に無限なる実有、言い換えれば各々が、永遠無限の本質を表現する無限に多くの属性から成っている実体」（『エチカ』第２部、定義６）

この定義は本章で私が用いる「神様」の定義に近い。

一方で私の使う「神」とは、これをより狭い概念（身体と環境の相互作用による脳の働き）に閉じ込めたものと思っていただければよいと思う。

この世とは神様のVRゲームなのではないかと私は考えることがある。生物に初期設定として様々なバリエーションで感覚器を与えて、この世の真実にどこまで迫れるかを遊びながら見ているのだ。コウモリには、目を与えず音を使わせる初期設定を、人間には3色覚、つまり、三つの錐体《すいたい》細胞を与え、犬や猫には二つだけを与えた。鳥は空を飛べるだけでなく、錐体細胞が四つあるという初期設定を神様からもらったのである。

シャコに至っては、12個もの錐体細胞を持っており、神の「おふざけ感」を感じざるを得ない。

ちなみに、シャコに、二つの色のパッチを提示して、その二つが異なっているのか同じ色なのかの判断を行動で行わせる。正解すれば、餌を与え不正解なら与えない。このようにして色を弁別する能力を行動指標で測ると、その精度は全く高くなく、人間の色の弁別能力よりもはるかに劣ることがわかっている。

12個も錐体があれば、3個の錐体の人間よりも、ずっと高い色の弁別能力があるべきなのに、シャコは12個の錐体を、少なくとも色に対しては有効活用できていないのである（もちろんなんらかの進化的な役割や利点があったからこそ、12個も錐体を持つことになったのだろうが、その役割についてはまだあまりよくわかっていない）。この事実も神様のおふざけ感が強い。

同じ刺激であっても、個々人で感じ方は全く異なる。つまり、人間の数だけ、知覚世界のパターンがあるのである。

例えば、モスキート音で若者のたむろを防止する装置があるが、あれは若者には高周波数の音が老年者よりも聞き取りやすいという知覚世界のギャップを利用している。

生い立ちによっても、味や匂いの感じ方には大きな個人差がある。

漫画『美味しんぼ』で、主人公の父親である海原雄山が京都の大富豪の京極万太郎さんに、鮎の天ぷらを食べさせる。すると京極さんは涙を流し、「なんちゅうもんを食わしてくれたんや」「旨い、旨い、これに比べたら山岡さんの鮎はカスや」という。

実はこの鮎は、京極さんが貧しい子供時代に川遊びで、自分自身で釣って食べたという「四万十川の鮎」の天ぷらだったのだ。四万十川の鮎のわずかな味と匂いの「個性」を適切に知覚して、涙するシーンだ。これは、まさに感覚の個人差を表した良い例である。

私にとっての赤が、あなたにとっての青であるとして、やりとりに齟齬《そご》は生じ得ない（繰り返すが、あたかも基本となる設定の齟齬を楽しむ、アンジャッシュのコントのように）。

このように知覚は、生物によって異なるし、さらに個体ごとにも異なるのである。世界がどのように知覚され、構成され、認識されるか？　は個体ごとの脳の働きに依っている。脳が作っているのだから、そもそも、全ては映画『マトリックス』や『インセプション』、VRゲームなどの作品に示されているような「幻」である可能性さえあり、それを原理的に否定することは不可能である。そのため、物理世界が知覚世界と独立して、本当に存在しているのかどうかは、我々にはわからない。「実存」の問題である。

「そんなことないよ！　目の前には机が見えるし、触ることもできるじゃないか！」と反論したい気持ちは当然である。

しかし、目の前に広がる映像も、触った時の感触も、あなた自身の脳が作ったものなのだ。

それが仮想現実世界「マトリックス」であったり、夢であったりする可能性はどこまでいっても否定できず、したがって、物理的世界、外界、というものの存在を、人間には証明することができないのである。

4-4　私が神様というアプローチ

物理世界の全てを知る神様がいるという想定と、また別のベクトルに、実は自分自身こそが神様である、という考え方も古くから存在する。最近の日本の作品でも『涼宮ハルヒの憂鬱』では主人公が無自覚な神様として描かれているし、筒井康隆の『家族八景』の主人公の七瀬も無自覚に世界の神様であった。

「無自覚」というのがポイントで、我々も無自覚な神様なのではないだろうか？

この「無自覚」を自覚に変換してみては？　という考え方が仏教にある。仏教では古くから、この世とは自分自身の意識でしかないという考え方、すなわち「唯識《ゆいしき》」という考えが存在する。次章で詳しく説明する。

唯識を理解し「私＝神様」であることがわかった時、本書でこれまで定義してきた「神」

が再度わかりやすく浮き上がるはずだ。

近著の『ホモ・デウス』が世界的なベストセラーになっているイスラエルの科学者ユヴァル・ノア・ハラリ氏によれば、人間は生命科学などの活用で、生命として次のステージに進化する、つまり神（デウス）になるという。

人間が全ての生命を自由自在に操り、自分自身の寿命までも延長させ、かつて人間が神にしかでき得ないとしてきた行為が21世紀に大幅に実現されはじめている。生命と運命を操ることが可能になり、人間はもはや神になるのだ、とハラリはいう。神（デウス）としての人間（ホモ）という考え方である。

ただし、ハラリがいう神は、人類全体としてのアップデートである。私がこの本でいっている「神」は、環境と身体の相互作用から生まれる脳活動、ひいては個人の意識、脳の世界こそが世界の全てであるという意味合いである。私がいう「神様」とは、全知全能で全てを含むもの（つまりスピノザの「神」に近い）という意味合いである。

よって、ハラリのいう「神」とはまた意味合いが異なり、この点の区別は理解が必要だと思っている。唯識について理解すれば、この点の意味がよりわかっていただけると思う。

ちなみにSFの祖でありい神とさえいえるスタニスワフ・レムは、その名著『ソラリス』において、全知全能ではなく、欠陥を持った神を描いている。神にも欠陥がありうる。そして、その欠陥こそが人間にとっては希望になると、レムは書いている。「神」にも様々な可能性があるのかもしれない。

人間の行動は環境からの刺激とその履歴によって決まっている。その環境、外界とは我々の脳内で構成されたものであり、もし本当に外界というものが存在するとしても、その全容はつかめず、五つの感覚器官という窓を通してしか見ることができない。それが人間であり、知覚である。

この章ではこの点をしっかり理解していただけたはずだ。これを理解しておくことで、心理学的決定論という必然的な結論をより的確に理解できるようになったと思う。準備は万端であるので、次へと読み進めてもらいたい。

脇道　神についての心理学的思考

ここで、神と心理学について短くまとめておきたい。

この節での「神」とは、世間一般が想定するいわゆる「神」のことだと思ってもらえればよい。つまり、世界を作った人、宗教的意味合いでの「神」である。

この節は、Ｅ・フラー・トリー著『神は、脳がつくった　200万年の人類史と脳科学で解読する神と宗教の起源』に大きく依拠しているので、もっと知りたいと思われたら、そちらをお読みいただきたい。

神（という概念）が生まれる基盤として、まず大きな脳が必要であったことが想定される。また自意識「私」というものの認識も必要だったはずだ。鏡を見た時に、それが自分自身であることがわかるというのは、人間とごく一部の動物にしか見られない行動だ。人間であっても生後18ヶ月くらいまでは、鏡の人物が自分であることがわからない。つまり、大きくかつ発達した脳があってこそ「私」が生まれるのである。

６万〜８万年前のネアンデルタール人は、死者を埋葬し花を手向《たむ》けていたといわれている。ネアンデルタール人の墓から大量の花粉が発見されており、死者を弔う気持ち、神を畏《おそ》れる気持ちが芽生えていたのではないかといわれているのだ。

ただし、花粉について最近では、ただの偶然ではないかという科学的な反論もある。しかし、世界各地のネアンデルタール人の遺骨の近辺で花粉が見つかっており、おそらくただの偶然ではないのだろう。

ちなみにこのエピソードには隠された前提がある。ネアンデルタール人が花を美しいと思っていたという想定である。彼らも現代人と同じように花が死者を悼む、美しいものであると思っていたという前提を敷かねば、このエピソード自体が成立しない。ネアンデルタール人の壁画を見る限り、現代人と共通したなんらかの美意識は十分にあったのだろうと思われる。科学的、心理学的に精緻に議論をすることは、そうした小さな論理の飛躍もきっちり埋めておく必要があるということは述べておきたい。

神を畏れる人間の心に必要な次の段階として「心の理論」というものがある。つまり、

「私」にある心と同じような心を他者も持っていると想定する心の働きのことである。

銀行強盗を働いて逃げている男が、手袋を道に落としてしまう。強盗のことを知らない警察官が、その様子を見て、男を呼び止める。すると、男は手を上げて罪を白状する。

質問

なぜ男はそうしたのでしょう?

この問題は、心の理論があれば簡単に答えられる。つまり、警官は強盗のことを知っているから、自分を犯人だと思うに違いない、と犯人は思った、と答えられるだろう。これを答えるためには、犯人と警官に自分と同じような心があることを想定せねばならない。この心の理論が身につくのは4歳以降だといわれている。

「私」が生まれ、「私」の心と同じものが「あなた」にもあるという心の理論が生まれた。この二つの段階を経て、「私」と似た神がいるという発想が生まれる。雷や日照りは神に心があるならばそれは怒りであるはずだ。恵みの雨は神の許しであると考える。

ここに自然崇拝、アニミズムが生まれた。それが今度は農耕文化の発達によって「定住」することで、祖先の墓を得た人類が、土地の支配の根拠として墓と祖先を用いた。ここから先祖崇拝が生まれ、アニミズムと合流したといわれている。

そして部族間、氏族間で争う中で、特定の優れたとされる祖先が、多くの民衆をまとめる神となった。そのようにして６０００年前にメソポタミアで世界最古の神殿が生まれたのである。

その後は２８００～２２００年前の枢軸時代（ドイツの哲学者カール・ヤスパースによる命名）に、儒教、ヒンドゥー教、ゾロアスター教、仏教、ユダヤ教（ここからキリスト教、イスラム教が派生した）が勃興《ぼっこう》し、孔子、老子、アリストテレス、プラトン、ソクラテス、ブッダなどが登場する。

この時代の宗教は、街の規模が巨大化したことで、団結心、道徳心の向上を促し、互助と治安維持によって、人類が個人ではなく、集団としての繁栄を迎えるために、必要な「機能（ソフトウェア）」だったと考えられている。

歴史家ウィリアム・ハーディー・マクニールは、多神教だった神が、一神教にアップデートされた原因について面白い仮説を提供してくれる。

集団の規模が上がり、中央集権国家が起こり、官僚が地方統治を行う時代が来たことで、土着の宗教を束ねたより次元の高い、より強い権力を持った神が必要になった。この中央集権的な神こそが一神教への発展だったとマクニールは主張する。

古事記や日本書紀でも、出雲地方の神を、天照大神《あまてらすおおかみ》などの皇祖神の流れと同化させる試みがなされている。日本は明確な一神教までには至らなかったが、大和朝廷の成立が土着の神を統合していった歴史は残っている。

さらに、奈良・飛鳥時代に仏教によって国を治め始めるが、これも多神教的な宗教である皇祖神崇拝から、相対的に神が少ない仏教が地方統治とさらなる中央集権化に利益をもたらしたと解釈することができるだろう。

そして現在は、宗教は世界中で紛争を生んでおり、その機能が限界を迎えている可能性が指摘されている。つまり、人類の集団規模が、宗教でまとめられるサイズを大きく超えてしまったのではないか？　という指摘である。

以上が、心理学的に宗教というものを短くまとめたものとなる。

自分の行動は知覚の情報によって規定される。神を崇めるという行動も、知覚をベースにしている。知覚心理学の歴史に鑑みれば、神すらも必然的な存在であり、脳が作った存在である。世界という情報を我々は五感を通してしか感じられない。世界とは常に断片なのだ。

この情報のすくい取りは、人間にはどうにもできないことであり、人間であるという、ある種の決定論に依っている。人間が知りうる範囲の情報によって、人間の行動は必然的に一つの行動に縛られていく。そして、あなたはページをめくる。

第5章

何が現実か？　唯識、夢、ＶＲ、二次元

人間の営みにおいて長年重要な位置を占めてきた「宗教」という名の「思想」においても、心理学的決定論の正しさが示唆されている。このことを本章では、仏教の「唯識」を通して明らかにしていきたい。

先の章で学んだ知覚について考えると、世界とは結局のところ自分自身の脳が作ったものでしかない。であるならば、世界とは自分であり、自分こそが神であり全てなのだ。この思想に徹したのが「唯識」である。

唯識についての名著として、多川俊映著『唯識とはなにか　唯識三十頌《さんじゅうじゅ》を読む』、横山紘一著『阿頼耶識の発見　よくわかる唯識入門』の2冊を挙げておく。この章は、彼らの解説に大きく依拠している。より詳しく知りたい方はそちらを熟読されることをお勧めする。

5-1　唯識

唯識は、紀元前5世紀のグプタ王朝（320〜550）のインドで生まれた仏教である。仏教の中心的であり代表的な教義の一つである『般若経』の最も大事な教えを一言で表せば「空《くう》」であろう。この世のあらゆる存在には実体がないと考えるのが「空」の思想だ。この空の思想を端的に最も単純にいえば「この世は虚無だ」となるだろう。

しかし、少なくとも自分が考えているもの、つまり自分の心は存在するという思想は成立しうる。デカルトの「我思うゆえに我あり」である。この「世界は空だけれども、自分の心だけはありそうだ」という思想が、４～５世紀ごろに唯識として体系化された。体系化した人物は、インド北西部のペシャワール（パキスタン）のバラモンの家の出身の兄弟、無著《むじやく》と世親《せしん》だといわれている。

世親は『唯識三十頌』という、三十の短い詩文に唯識の基本教典をまとめた。このインドで生まれた唯識を、三蔵法師こと中国の玄奘《げんじよう》が母国中国に持ち帰る。さらに玄奘の弟子の慈恩大師基（632～682）が、その教えをベースにした法相宗を開く。これが飛鳥時代の日本の法隆寺に輸入され、その後、奈良時代に興福寺などで重要思想として学ばれていく。

唯識は、輸入されてから一貫して日本の仏教において重要思想であり、ビッグネームは必ず学んでいるといえるほどの存在だった。

具体的には、真言宗の開祖の空海（弘法大師）（774～835）、浄土宗の開祖の法然（１１３３

〜1212)、浄土真宗の開祖の親鸞(1173〜1262)、曹洞宗の開祖の道元(1200〜1253)らが唯識を学んだ形跡が残っている。

5-2 素朴実在論の否定

外界が意識や主観から独立して、それ自体として存在するという考え方を、「素朴実在論」という。普通の人は、当然このように思っているし、子供たちもこう思っているのは明白だ。今、目の前にA子さんとB男さんがいて、自分を含めてテーブルを挟んで座って3人で楽しく会話しているとしよう。この時、普通の人ならば、A子さん、B男さん、そして机と部屋という空間の全てが当然存在していると考える。これが素朴実在論である。

しかし、仏教(般若経)では「一切は空」とする。であれば、これらの存在も空であり、存在していないと考えることが正しいとするのだ。ただ、唯一自分自身の心だけは存在していると考える。存在するのが自分の心だけであるならば、A子さんもB男さんも机も部屋も、全ては自分の心の中で作っているはずだ、という考えにたどり着く。これが唯識である。

まず、外界の実在を否定する。あるのは、世界の方ではなく、私の心だけだと主張するのである。Ａ子の見た目も、Ｂ男の体臭も、机の木目も、空間の広さも自分自身の心の中で作っているのだと。

5-3　阿頼耶識《あらやしき》

唯識は、二つの言葉で簡単に説明できる。「唯識無境《ゆいしきむきょう》」と「唯識所変《ゆいしきしょへん》」である。

唯識無境とは、外界にものなど存在しない、外界には何もない、という考え方である。

唯識所変とは、この世とは、全て、唯《ただ》、阿頼耶識から作られたものという考え方である。阿頼耶識という不思議な存在が全てを構成し、我々に夢を見せているのである。「我思うゆえに我あり」はデカルトの言葉だが、唯識では「思う＝ある」となる。

余談だが、阿頼耶識と聞いて「阿頼耶識システム」を思い出された人も多いだろう。『機動戦士ガンダム　鉄血のオルフェンズ』に登場する技術である。モビルスーツなどの操縦系として用いられる有機リンクデバイスシステムのことである。古くは、ファンネル操作も阿頼耶識システム的なものといえる。

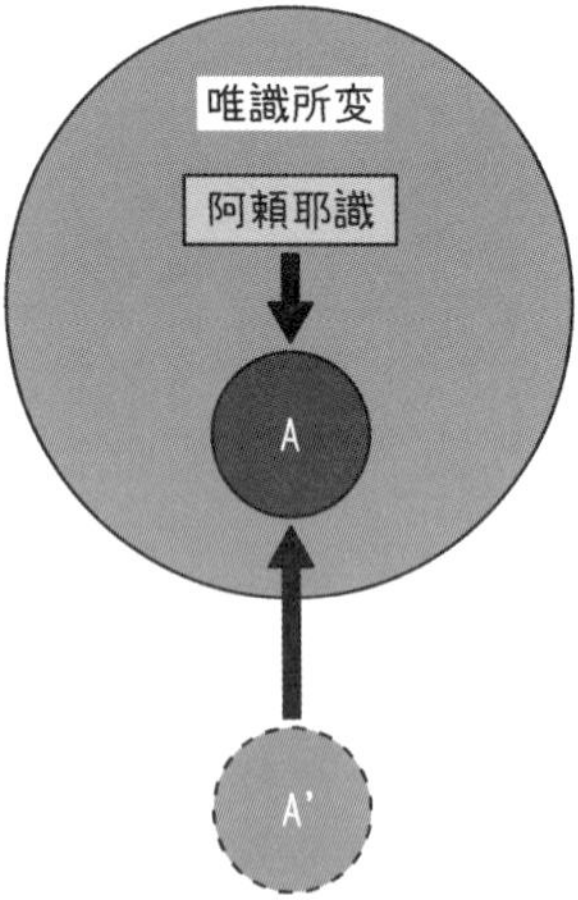

図 5-1　阿頼耶識が我々に夢を見せている

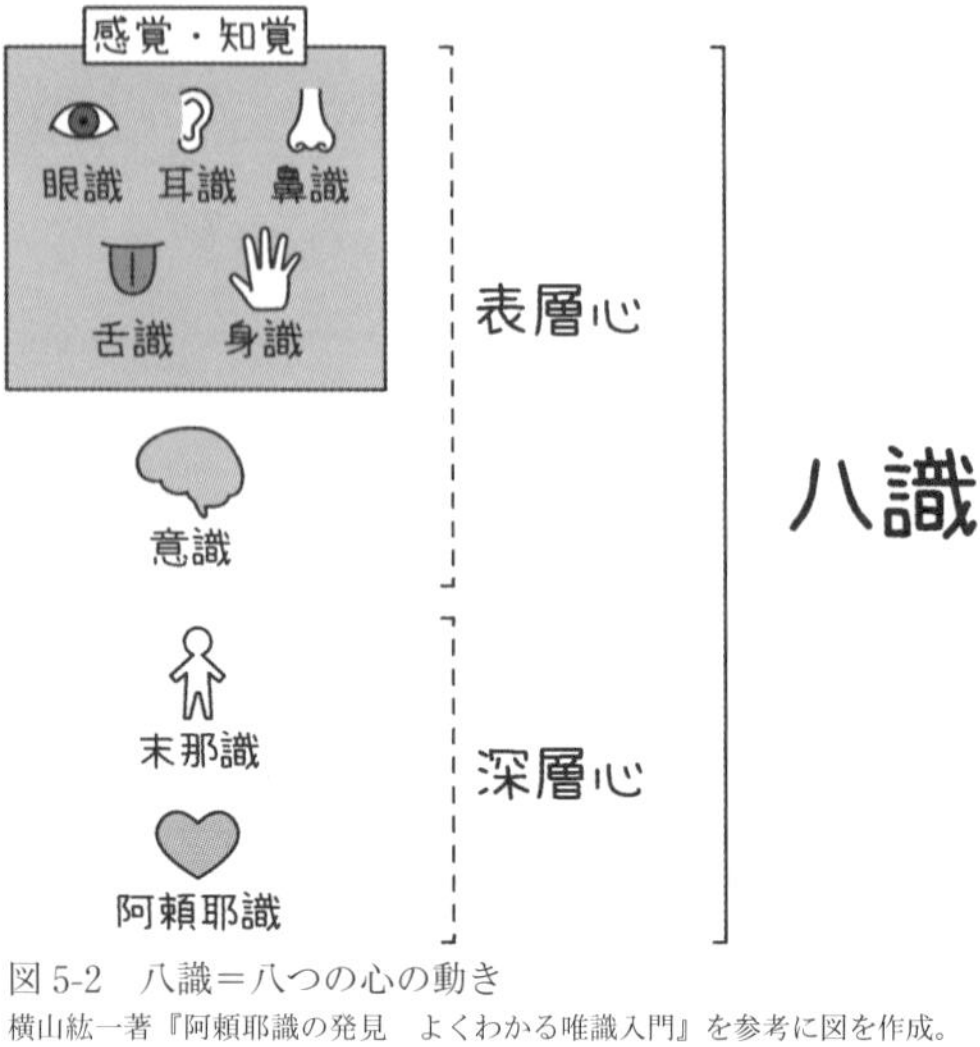

図 5-2　八識＝八つの心の動き
横山紘一著『阿頼耶識の発見　よくわかる唯識入門』を参考に図を作成。

感覚と知覚を扱う眼識、耳識、鼻識、舌識、身識。この五識は先の章で紹介した五つの感覚器官、世界を見る五つの窓と同義である。これに思考を意味する意識を合わせた六識を表層心と呼ぶ。唯識を正しく理解するためにも、知覚を理解する必要があったのだ。

次に、自我執着心の末那識《まなしき》と、一番の本質である阿頼耶識の二つを深層心とし、全部で八つの心の働き、八識を想定する。

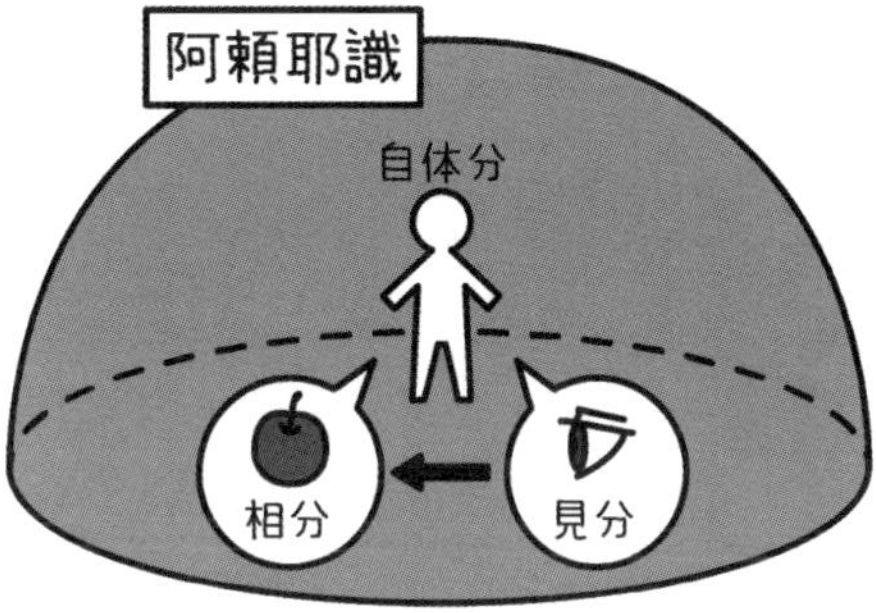

図5-3　心が心を見ている。全て阿頼耶識が生み出したもの
横山紘一著『阿頼耶識の発見　よくわかる唯識入門』を参考に図を作成。

林檎を見る場合を考えよう。外界にあるように感じられる林檎は、相分と呼ばれ、それを見ている視覚を見分と呼ぶ。相分も見分も自体分と呼ばれる心の主軸から発生しており、全て阿頼耶識が生ませているのである。つまり、心が心を見ているのである。

林檎だけではない。目の前のA子さん、B男さんも自分が作った存在である。A子さんの見た目つまり外見的特徴、話すことの中身、B男さんの体臭ななど全ては、自分自身が作って自分に見せ、知覚させているに過ぎないものなのだ。

A子さんの話がどれほど入り組んだ難しい話でも、B男さんの話が全く聞いたことのない驚きの事実であっても、アメリカ人のCさんが英語でよくわからない話をまくし立てているとしても、全て自分自身の阿頼耶識が作り上げ、自分自身に体験させているに過ぎないのである。


外側に世界はなく、見る人がいて初めて内側に世界がある。この仏教の古典的考えは、20世紀の科学、すなわち量子論と一致する面がある。

量子論については、次章で語るが、簡単にいえば「観察することで世界が初めて決まる」という考え方である。

フジテレビの大人気ドキュメンタリー番組の『ザ・ノンフィクション』。ドキュメンタリーのスタッフに密着されることで、主人公である対象の態度や行動は変わってしまう。本当の素の姿は、カメラが向き、観察が始まることで、消えてしまい、何らかの新しい存在となってしまう。観察が起こることで、今までになかった新しい対象のあり方が生じていると私は思う。

時にスタッフ側が、働かない主人公である対象に、喧嘩を仕掛けることがある。「仕事辞めるのにLINEメッセージを一通送るだけでいいのですか?」「うるせえんだよ!」みたいな。これなども、喧嘩を仕掛けるという「観察方法」が対象のあり方を変えている事例である。

量子論と唯識の共通点とはまさにこの『ザ・ノンフィクション』の喧嘩に凝縮されている。

次章で詳しく説明する。

5-4　この世は夢か?

この世には、私しかいない、私の意識しか存在しない。この唯識の概念は、昨今の作品でも繰り返し見ることができる。映画『マトリックス』では、脳の電気信号が全ての世界を作り出しており、映画冒頭で主人公は、AIが作り出した仮想現実世界「マトリックス」の中に閉じ込められている。

映画『トゥルーマン・ショー』では、主人公の実際の人生がテレビのリアリティーショーとして放送され、それを知らないのは主人公本人だけ、という設定である。主人公の人生に関わる妻や友人は全て役者であり、主人公を周りの人間全体で騙しているのである。主人公を取り巻く世界は、超大規模な映画セットであった。映画終盤で主人公トゥルーマンはその嘘の世界から命をかけて脱出を試みるのだが……。そして唯識では、セットつまり世界は自分自身の脳が作っているのである。この世界は自作のハリボテなのかもしれない。

「この世は夢」というモチーフはもっとずっと古い作品にまで遡れる。「邯鄲《かんたん》の夢」がとても古くかつ最も有名な作話であろうと思う。

邯鄲の夢は、沈既済《しんきさい》という中国の人物が記した『枕中記《ちんちゅうき》』の中の故事である。他に「一炊の夢」「邯鄲夢の枕」「盧生《ろせい》の夢」などとも呼ばれている。

中国唐の開元年間に、盧生という青年が、趙《ちょう》の都の邯鄲で道士呂翁《りょおう》と会う。呂翁は、なんでも思いのままになるという不思議な枕を盧生に渡す。盧生はその枕でうたた寝をするのだが、夢の中で、大金持ちになるという50余年に及ぶ一生を体験する。とてもリアルな夢で、本当に一生の時間を過ごした実感があった。しかし、夢から覚めてみると、宿の亭主が寝入る前から炊いていた粟がまだ炊きあがってさえいなかった。つまり、ごくごく短い時間で見た夢で、50年分の人生をありありと体験したのである。人生とは瞬く間の夢だという教えである。

「ある日老人が、自分が青年であった時の夢を見ていた。その老人はその夢を夢だと気づいていなかった。そして老人は夢を見たまま息を引き取った。はたしてこの時に死んだのは老人なのか青年なのか？」

第三者にとって老人の死は明らかに老人が死んだことを意味する。しかし、一人称の場合、青年が死んだのではないのだろうか？　世界が脳の産物であるならば、ここで死んだのは青年なのだろうか？　もしそうなら、今読者の皆さんも実際はもっと老いた自分が見ている、若き日の夢でないと断言できるだろうか？

物理学者バートランド・ラッセルは「世界は5分前に始まった」という命題を論理的には誰も否定できないと述べた。全ての過去が仕組まれた状態で私の脳にセットされて、5分前に世界が始まったのかもしれない。

武田信玄が甲斐の武将という歴史的事実も、5分前に脳内に仕組まれただけなのかもしれないし、私が思い出せる幼少期も本当は存在していないのかもしれない。私の過去も、今やただの情報に過ぎない。過去も記憶もひいては意識でさえも、5分前に仕組まれた「ただの情報」に過ぎないのかもしれない。

「邯鄲の夢」以来、夢と現実の区別がつかなくなるというテーマも繰り返し作品になっている。映画『インセプション』や押井守監督の一連の作品（『うる星やつら2 ビューティフル・ドリーマー』『アヴァロン（Avalon）』『イノセンス』『スカイ・クロラ The Sky Crawlers』）、そして、今は亡き今敏監督の一連の作品（『千年女優』『PERFECT BLUE』『パプリカ』『妄想代理人』）などがそれだ。夢から覚めなければ、夢が現実であるが、そもそも現実とは夢なのだ。

『アヴァロン（Avalon）』では、女性主人公が、VRゲームの中に消えてしまったかつての恋人を探して、ゲームのクリアを試みる。最終ステージ「ステージリアル」は、VRゲームなのか現実なのかわからない。一見すると普段生活している現実そのものであり、敵からも襲撃されない。全く普通の日常世界が最終ステージとして現れるのだが、ゲームに消えた恋人がそこに現れる。

そこは現実なのか？　ゲームなのか？　恋人は戻ってくるのか？　もう死んでいるのか？　答えを知りたい方はぜひご自身で視聴していただきたい。

『千年女優』では、主人公の少女が憧れの男性「あの人」を中国や雪国、果ては宇宙にまで追っていく。その様子が、少女が出演する映画として描かれるのだが、どこまでが映画で、どこからが主人公の実際の人生なのか、激しく交錯し区別がつかなくなる。そもそも「あの人」は実在するのか？　少女から大人の女性、老婆になるまで、主人公は、映画としての自分の人生を描いていく。

日本人である私が、この本の思想、つまり心理学的決定論を書いているのは決して偶然ではない。私がこの思想に至ったのは、押井守や今敏といった日本サブカルにおける「夢と現実の渚」の巨匠たちの影響が大きい。私は今、夢という現実の中にいるのだ。

『まんが日本昔ばなし』で私の好きな話に「正直庄作の婿入り」がある。設定が面白くて好きなのだ。ある村には美男美女しか住んでおらず、庄作だけが不細工という地獄のような設定である。美男美女の村人は、庄作を邪険に扱い、庄作はいつも辛い目に遭っている（筆者はこの時点で激しい共感を覚え、この世界に没入した）。そんな庄作は、毎日お地蔵さんに素敵なお嫁さんが欲しいと、祈っている。

ある時、素敵な女性が結婚してくれるということになり、幸せな生活を送ることになる。しかし実際には、それは夢で庄作はお地蔵さんの目の前で寝ていただけだった。村人は寝ている庄作を見て、以前にも増して庄作を馬鹿にするようになった。しかし、庄作はその夢以降、不思議と気持ちが楽になり楽しく一人で生きていきましたとさ、という話である。


これはまさに「二次元の嫁」と同じで、結局幸せかどうかは脳が決めるということであり、リアルか非リアルかなど関係ないという教えだろう。自分の脳がリアルだと思えば、それが現実であるのかどうかは無意味なのだ。二次元の嫁には会えないし触れられないという反論が可能だが、それならば、遠距離恋愛の恋人にも、すぐには会えないし触れられないではないか。それに二次元の嫁に関しては10年経たず、触れることができるようになるだろう。もちろんVR技術でだ。

Gateboxという会社では、VRキャラクターの初音ミクなどを召喚して一緒に暮らせる機械を発売している。またこの企業は二次元のキャラクターとの婚姻届を出せるサービスも行っており、二次元の嫁というものの存在を肯定している優しい企業である。そう遠くない未来がもう来ているのだ。

余談だが、ここ数年のアニメでは「異世界モノ」が異常なほど量産されている。主人公が現実世界から、異世界（例えば魔法世界やケモノ世界など）に転生し、そこでサクセスストーリーを起こすという作品である。

これも唯識の観点からいえば、主人公の脳内で現実世界も異世界も構成されていることになる。ということは、現実世界にいる我々も、自分の脳次第で異世界へと転生することは可能なのかもしれない。異世界モノが流行ることとは、現代の唯識的な世界観の流布への基盤になり得ると私は思っている。

外界というものを素朴に絶対にあるものと考える。物理世界を「現実だ」「リアルだ」と思い、アニメや空想は存在している訳がないと考える。だからこそ、二次元の嫁は切ないのだ。

しかし、知覚世界こそがリアル、結局は全て自分の脳が作り出している世界だと考えれば、二次元の嫁はまさしくリアルなのだ。そして、我々は物理世界の存在を証明し得ないし、そこに直接触れることはできない。存在を実証できるのは、自分の脳が作り出している知覚世界のみである。であれば、そこに閉じた幸せを求めても、なんら恥ずかしいことはないはずだ。

二次元の嫁で十分な心の充足を得られているアニヲタや草食系男子は、これからの時代、哲学的に正しい存在だといえるのかもしれない。心が満足すれば、それが外界に実在するかどうかは無問題であり、心に存在すればそれは実在するのである。

この点は、後章でのマルクス・ガブリエルの紹介においてより詳しく解説したい。

世界の全ては、自分自身が決めている。自分自身の行動だけでなく、世界そのものが自分自身の阿頼耶識によって生み出されている。であれば、仏教的には、世界は事前に決定しているといえるだろう。自分は情報によって予測できる存在であり、全ては環境との相互作用による脳活動が構築している。この世界は自分自身で規定したものであり、その世界における自分自身の行動も事前に全て決まっていることなのである。

唯識とは、心理学的決定論を仏教的に示唆した事例である。この世や自分自身の行動は全て事前に決まっている、しかも自分で決めているという真実に到達させないために、自由意志という錯覚、つまり人間の業が、もたらされているのかもしれない。悟りを開くとは、心理学的決定論に気がつくところから始まるのかもしれない。

５‐５　幸福は自分の脳が決める

幸福とは、快感の追求ではない。実際に、覚醒剤を国民全員でやる国はない。スイッチを自分で押すと、脳の快楽中枢に電気刺激を与えることができる状態にラットを置くと、快楽を求めてそのラットはスイッチを押し続ける。ラットは、疲労で死ぬまでスイッチを押し続け、飲食すらしなくなるという（実際のところ「死ぬまで」というのは誇張が過ぎるという学術的な批判はある）。

ブッダは「快感の追求は実は苦しみのもと」であると繰り返し主張しているし、哲学者のエピクロスも「快感の追求は幸せではなく惨め」と同じことをいっている。

心理学のデータで、年収700万円程度で、生活の幸福度はおおよそ天井となり、それ以上の

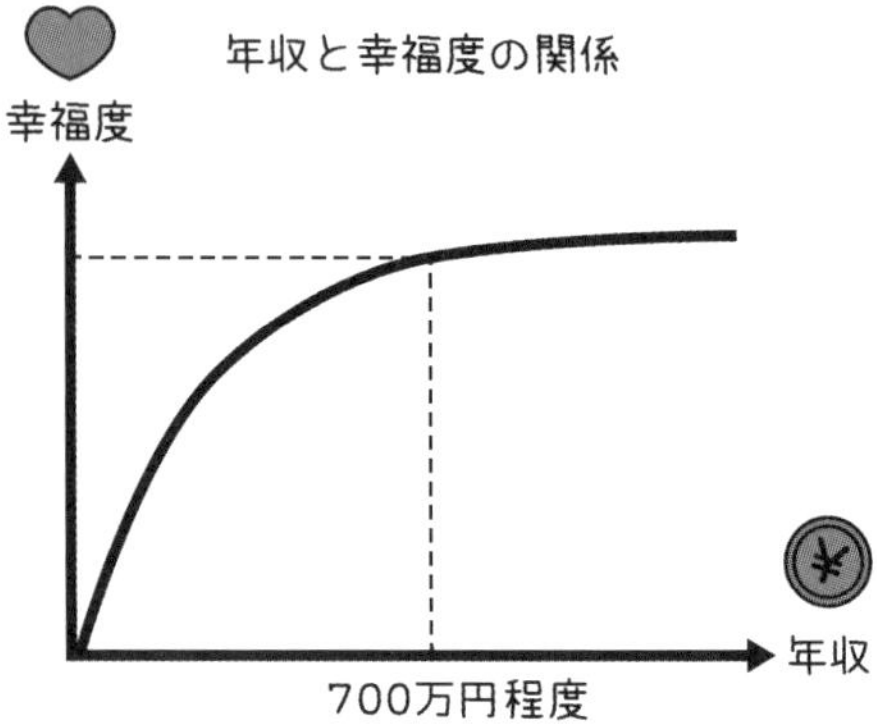

図 5-4　年収 700 万円以上の収入があっても幸福度は大きく上がらない

収入があっても幸福度は大きくは上がっていかないことが知られている。脳が世界を構成し、我々の意識がこの世の全てであるからこそ、客観的な事実や物理的な構成に幸せは規定されない。ここに、唯識的発想の幸福にとって大きなアドバンテージがある（ただし年収700万円までは、収入は幸福度と明確な相関関係が成り立つので、注意も必要である）。

第6章　量子論

6-1　世界は見る人がいて初めて固まる

現代科学の仮説は、ある意味で現在の人間の最新の「思想」であるともいえる。この現行の思想の中にも心理学的決定論の要素、その相似形が見出される。本章では、現代科学の最重要理論の一つである量子論を見ていきたい。量子論のような物理学的世界観は、心理学的決定論を全く否定しない。それどころか、積極的に支持さえするものだといえる。この点について、この章では明らかにしたい。

観察によって、世界のあり方が初めて固まる。並行宇宙のように観察がなされるまで「世界は決まっていない」。世界は見る人がいて初めて決まるのだ。こんな不確定で現実離れした話が、最新の科学、量子論の世界観だ。

例えば、私の好きなゲームに『龍が如く』というシリーズがある。『龍が如く3』では現実にそっくりな沖縄（那覇の国際通り）と新宿の街（歌舞伎町を模した、神室町という名の街）を自由に探索できる。数百人の人物と交流ができるし、ビルの中に入って、キャバクラに行ったり、牛丼チェーンで並盛りを食べたりすることもできる。最近ではゲームのファンが世界中から歌舞伎町を実体験しにやって来るそうだ（『ＹＯＵは何しに日本へ⁉』より）。

では、私がゲームで新宿の街をうろついている時、ゲーム内の沖縄の街はどうなっているだろうか？

当然だが、存在していないことになる。ゲームキャラ（桐生一馬）が沖縄に移動している時だけ、プログラムによって沖縄の街が構成されてプレーヤーの眼前に現れるのだ。ゲームの処理速度や容量には限界があるから、桐生一馬が神室町でキャバクラに行っている時に、沖縄のアイスクリーム屋はゲーム内にもこの世にもなんら立ち現れていない。これはプレーヤーにとってみれば常識であろう。

では、皆さんに聞きたいが、今あなたがこの本を読んでいるとして、隣の部屋は本当に存在するのか、確かめられるだろうか？　あなたの職場は、あなたが職場にいない時にも本当に存在するのだろうか？　コロナで自宅に籠もっていた皆さんもふと「外の世界は本当にあるのかな？　この部屋しかないのではないのかな？」などと思ったことはなかっただろうか？

これらの問いかけに対して、「ある」とする答えは、原理的には証明できない。職場の友人に職場からＬＩＮＥで映像通話をしてもらったとしてもだ。私たちと桐生一馬の世界構成が異なることは論理的には証明できないのである。

冷蔵庫は、開けると内部の照明がつく。開けた時だけ、中が明るく照らされている。しかし、ともすると冷蔵庫はいつでも中が明るく照らされていると思い込んでいる人も多いのではないだろうか？　だが実際は開けた時だけ、明るい状態なのだ。

冷蔵庫や『龍が如く』の街のように、アクセスした時だけ、立ち現れる世界。実は量子論では、これに近い世界観が実際に正解である可能性が指摘されている。どういうことか、次の節で詳しく解説したい。

ちなみに、ゲームでは主人公にスキルを覚えさせて、レベルアップさせていくというものが多い。スキルには対応したプログラムが書かれている。使える技が増えるのは、プログラムの発動分岐が増えているということだ。人間の場合、それは記憶である。自転車に乗るというプログラムを記憶によって獲得する。情報が増えるのである。このように考えると、我々人間もゲームの中の主人公であると考えることに、一理あるように思うのだ。

6-2　二重スリット問題

図6-1を見て欲しい。壁の前に、縦に小さいスリットを持つ板を置くとする。壁に対して、スリットをくぐり抜けるようにして、量子を一つずつ飛ばして壁にぶつけるようにする作業を行う。

この時、スリットが一つだと、当然スリットの形に量子の粒の縦線が壁に浮かび上がる。では、縦のスリットを二つ並列に並べて二つのスリットを通して壁に量子をぶつけると、線が二つになるだろうか？　実はそうはならない。

量子には粒子としての性質と同時に波としての性質がある。そのため、二つのスリットを通り過ぎると、波の回折という性質（スリットの出口を中心に放射状に波が伝播する現象。

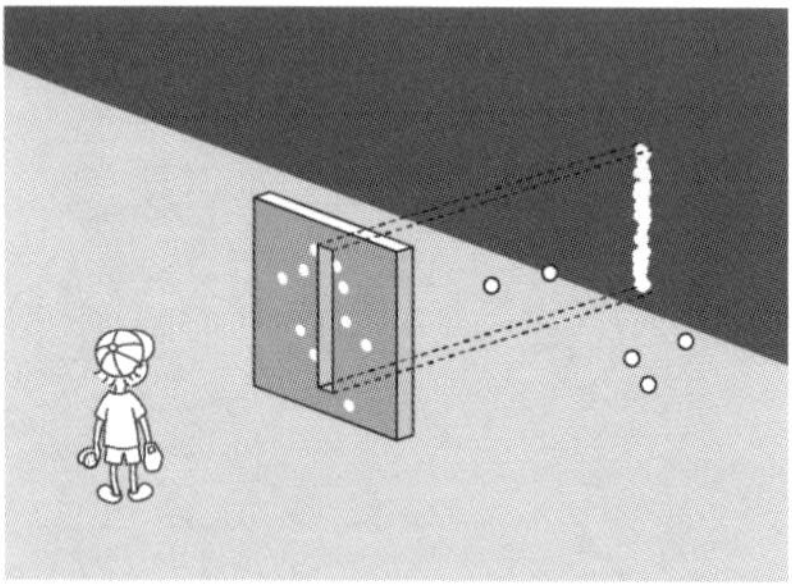

通常の粒子の衝突

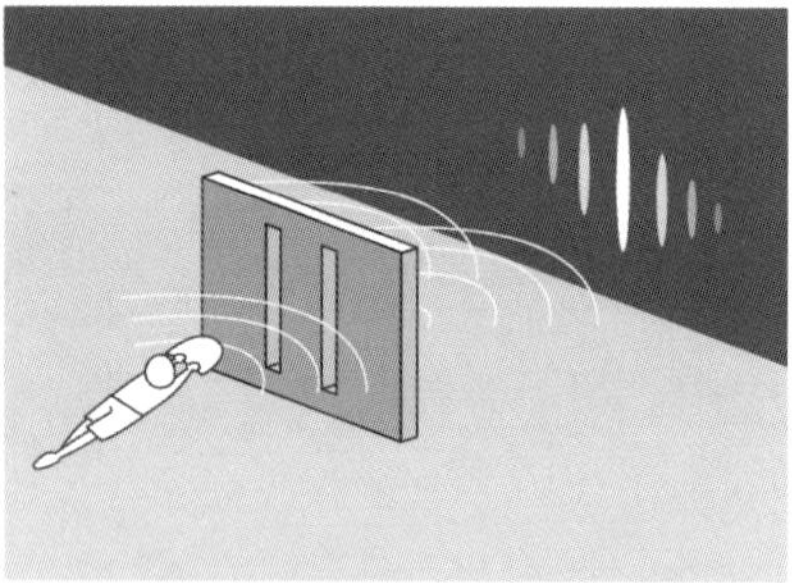

波の回折と干渉

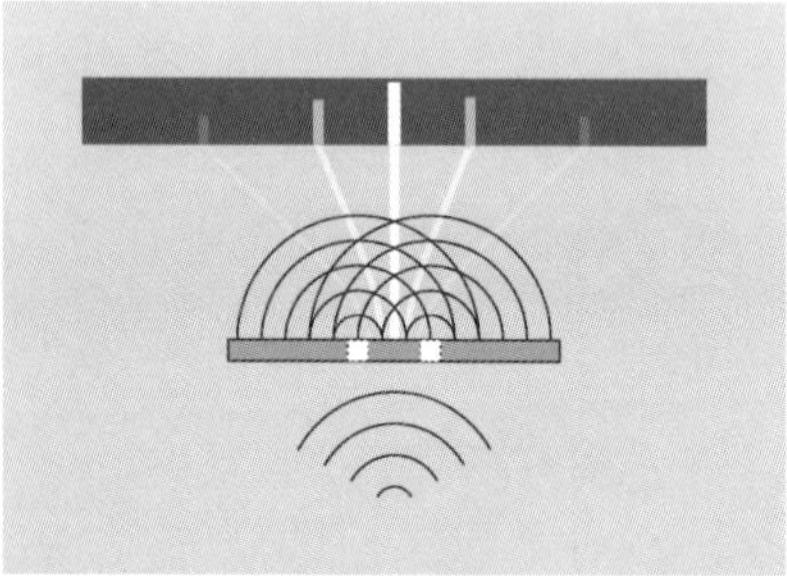

波の回折と干渉
詳細

図 6-1　量子の二重スリット問題

図6－1の中央と下を見て欲しい）が起こり、干渉縞（多数の線）が生まれることになる。これは、二つの波が干渉し合って、二つの波がぶつかり合う部分（波の山同士）には量子が集中し、波の谷同士では量子が疎《そ》になることで生じる。

この時、量子がどちらのスリットを通過するのかを特定する「検出装置」を置く（この検出装置は物理学の世界における正真正銘、科学的な検出装置である。現時点では、そこに「本当は検出できていないのではないか？」というような装置の限界にまつわる疑問は想定しないとする）。

すると、非常に不思議なことに、干渉縞は消失し、スリットの形状通りの二つの線分が壁に浮かび上がる。同じ物理現象であるにもかかわらず、観察の仕方によって、壁に生じる縞のパターンが変わるのである。観察されなければ、波として振る舞うのに、観察されれば、粒子として振る舞うのだ。まるで一つの粒子は様々な場所に同時に存在し、その様態も自由であると考えることができるかのように。この考えは「エヴェレットの多世界解釈」などと呼ばれている。

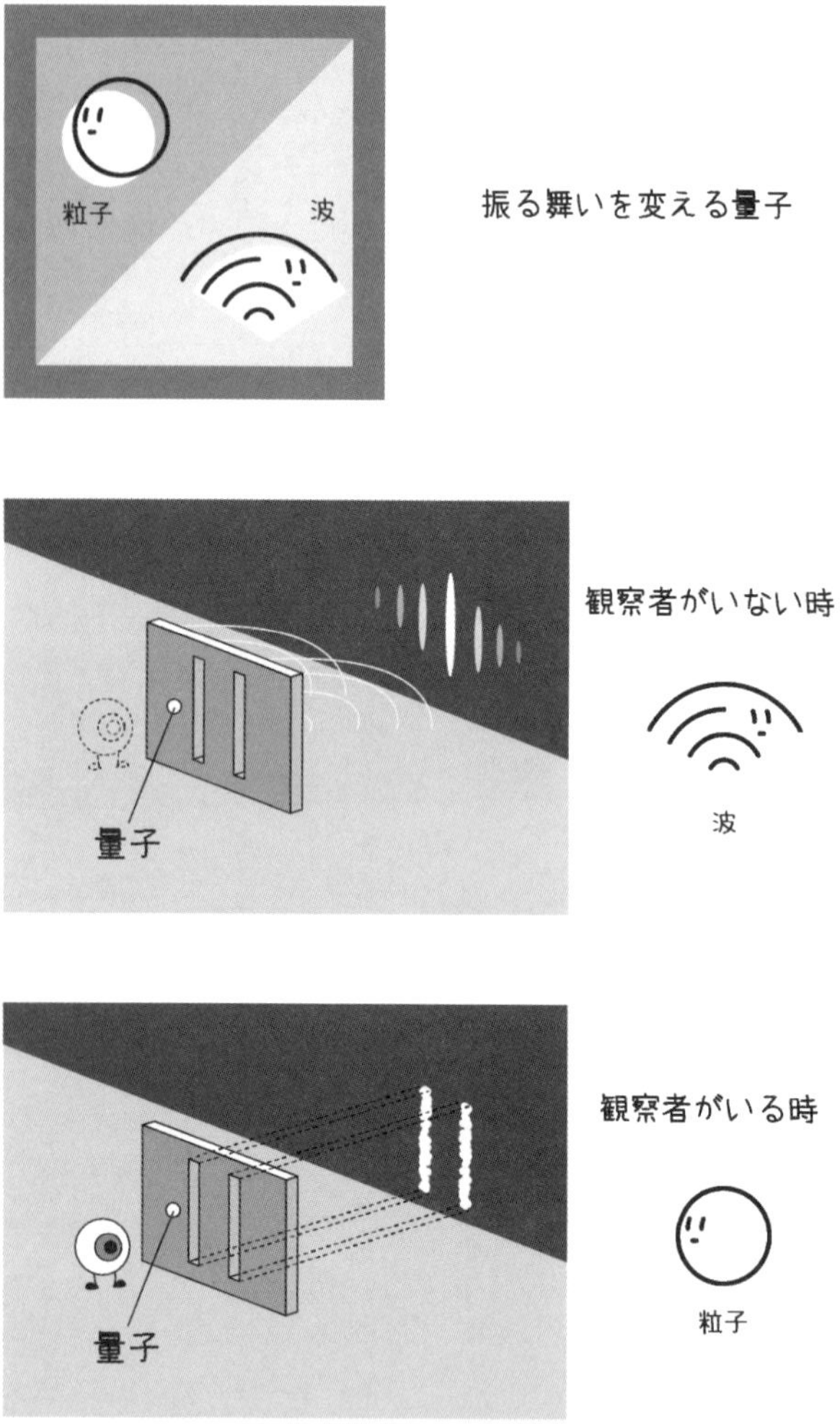

図 6-2　観察者がいる時といない時で振る舞いを変える量子

量子論の学者たちは、この問題にまだクリアな回答を持っていない。コペンハーゲン解釈と呼ばれる、暫定的な回答はあるのだが、それによると「量子の状態は、粒子と波の状態の重ね合わせであり、どちらの状態であるとも言及できない。観察すると観察方法に対応する状態に変化する（波束の収縮が起こる）」と解釈するのである。デンマークの首都コペンハーゲンのボーア研究所から広まった考えであるため、このような名前がついている。

6-3　シュレーディンガーの猫

このコペンハーゲン解釈を拡大的に解釈し、哲学の問題として提案したのが、「シュレーディンガーの猫」という思考実験である。

箱の中に生きた猫と、放射性物質のラジウムを一定量と、ガイガーカウンターを1台、そして毒ガス発生装置を1台入れておく。もし、箱の中にあるラジウムがアルファ粒子を出すと、これをガイガーカウンターが感知して、その先についた毒ガスの発生装置が作動してしまう。もちろん、毒ガスを吸った猫は必ず死ぬ。ラジウムからアルファ粒子が出なければ、毒ガスの発生装置は作動せず、猫は死なない。1時間経過後、果たして猫は生きているか死んでいるか。

ここで1時間のうちに、アルファ粒子が出る可能性は50%であるとする。そうすると、猫が死んでしまう確率は50%となる。一方で、生きている可能性も50%である。一般的な考え方では、この二つの結論は同時には存在できず、100%死んでいるか、100%生きているか、どちらかの状態で箱の中の猫が存在していると考えるだろう。

しかし、量子論的な考え方では、この二つの状態が同時並行的に重なり合って存在しうるとするのである。すなわち、箱を開けて、事実を確認するまで猫は死んでおり、かつ生きて

図6-3　シュレーディンガーの猫

いるのである。
量子論のコペンハーゲン解釈では、粒子は、様々な状態が「重なり合った状態」で存在しうる。この「重なり合った状態」は、観察機器によって粒子を観察することで、いずれかの状態に収束すると考える。シュレーディンガーの猫と同じである。

つまり、量子論という現在受け入れられているある種十分に新しい物理学、サイエンスにおいては並行宇宙のような考え方が実際に起こりうることを示している。それはあたかも計算量を削減するために、主人公が沖縄にいない場合には、沖縄が存在していない状態と同じようである。見る人がいて、初めて世界が生まれる。観察状態、観察方法によって、世界が確定する。それまでは世界は決まっていないというのである。とても面白い話である（この話に魅了され、哲学的思索にどっぷりとハマる科学者のことを一部で「シュレーディンガーの〝犬〟」と呼ぶ冗談があるそうだ）。

6-4　神によるVRゲーム？

ゲームの中では、バーチャルな「世界」の中に実に多くのキャラクターが描かれる。これらのキャラクターは実在しているといえるだろうか？

主人公が近づいていない時、キャラクターたちは同時にマシンで制御されていない。主人公がキャラクターとコンタクトを取った時に初めて、そのキャラを動かすプログラムのスクリプトが発動するのだ。

量子論もこれに近い理解を想像させる。つまり、世界（粒子）は見る人がいて初めてプログラムのスクリプトが発動し、実在を始めるということだ。観察されるまで、複数の世界が同時並列的に存在可能であるが、観察を行うことで、一意に現実が定まるのである。

ゲーム内の歌舞伎町で、キャラAに接触しないままゲームをクリアすることは可能だ。キャラAの実存は、主人公（例えば桐生一馬）としてキャラAに話しかけるという行為、すなわち、観察をしなければいつまでも開かれない可能性としてゲームに内包されているだけだ。

この世は神が作ったゲームであり、我々はその中を動く桐生一馬なのではないだろうか？コンタクトを取る、つまり観察した事象のみが、リアルとして提供され、それ以外は内包された可能性として閉じられたまま終わるのではないだろうか？

この世では、光速は不変で一定速度である。光速を上回ることはできない。この事実に違和感を覚えたことはないだろうか。これは、神が使っているゲーミング・マシンの処理速度の限界を意味する可能性があるのかもしれない。神のゲームを動かしているマシンの処理速度を超えられないために、光速は不変で、それ以上速く動くことが不可能なのかもしれない。

アニメ、ゲームの『STEINS; GATE』では無数に分岐するストーリーがそれぞれありうる「世界線」として並列的に存在する。プレーヤーは自分の好みの世界線（好みのヒロインと同義になるケースも多い）を選択する。行動によって、世界線を行き来していくのだ。ありとあらゆる可能性、世界線の中から一つの世界線に道を確定させるのである。

ゲーム自体には、プログラムとして全ての可能性つまり世界線が事前に仕組まれ、含まれている。

我々の人生もこのゲームと同じような気がしている。我々にはありとあらゆる世界線が用意されている。このことは量子論という「思想」とよい合致を見せている。並行世界の存在を肯定するのが量子論であるといえるからだ。

その中で特定の世界線が、世界との相互作用の中で必然的に選ばれるのである。そして我々には「選んだ」という錯覚的な自由意志が与えられるのである。これこそが、心理学的決定論の本質である。

シュレーディンガーの猫における、「死んだ猫」と「生きている猫」という二つの世界線はどちらも同時に成立し、我々は箱を開けるという行動によって、その世界線のうちのいずれかを選択し、世界を一つに収束させるのである。この世とゲームは同じなのだ。

それにしても、私の人生がもし、神が行っているVRゲームだとすれば、私は初期設定が酷すぎだと神に文句をいいたい。端的にいって、ブサイクで辛い。私の顔面偏差値では、無理ゲーに近い。

『バトル・ロワイアル』で「今から殺し合いをしてもらいます」と教師キタノにいわれ、武器の袋をもらって開けて中身を見たら「冷えピタ」が入っていて絶望する。それくらいの無理ゲーをさせられている感覚だ。東出昌大さんなどは、マシンガンが支給された感じだろうと想像する。

つまり、見た目が異なればそれを取り巻く環境からの刺激は当然異なるということだ。美しい外見を持っていない人間は、イケメンが外界から得る刺激を実際には体験できない。モテモテである人物がどのように強い意志を持っていたとしても、外界からの刺激に対して決定論的に行動が決まるのであれば、浮気をすることは不可避なのかもしれない。

外的な刺激が全く異なる非モテの人間が、どんなにモテる人の行為を否定し、非難したとしても、ある種の無責任さがある。想像を超えた環境の違い、つまり刺激の違いから生じる行為の違いは、意志の力を超えているのだ。であれば、昨今のイケメン不倫を批判、非難するのは心理学的決定論の視座からいえば、間違った行為といえるだろう。

1978年のアンバーソンらの調査では、3692人の男女にアンケートを行い、その際に、インタビュワーが、彼らの見た目を5点満点でこっそり評価していた。1点はハンサム・美女、3点は一般的な見た目、5点は醜男・不美人といった具合である。

アンケートでは人生の満足度、幸福度、ストレス度を自主報告させたのだが、その結果が

外見と幸福度、人生の満足度

見た目	幸福度	満足度	ストレス度
1	2. 34	6. 38	1. 33
2	2. 24	6. 23	1. 53
3	2. 18	5. 82	1. 72
4	2. 11	5. 71	1. 78
5	1. 94	4. 80	2. 40

図 6-4　見た目がいい人は、見た目が悪い人より幸福？
Umberson, Debra, and Michael Hughes. "The impact of physical attractiveness on achievement and psychological well-being." Social Psychology Quarterly 50.3(1987): 227-236. より改変の後に転載。

図6‐4だ。見た目がいい人は、悪い人に比べて、3割からそれ以上も幸福であるし、ストレスも少ないのである。実に辛い話である。

同様に、経済学者のダニエル・ハマーメッシュの研究では、女性の見た目を5段階評価し、年収を調べた。平均的な見た目が3点、美しい人は、4、5点。美しくない人は、1、2点として評定された。

その結果、3点の女性に比べて、4、5点の女性は収入が8%も多く、1、2点の女性は4%も少ないことがわかった。生涯賃金で見れば、3600万円相当の違いである。美しい人は楽勝なのだ（ちなみにこの傾向は、男性においても当てはまることを明記しておく）。

と、ここまでいっておいて前言撤回だが、私の容姿の自虐も「美人人生楽勝説」も、あくまでも半分はジョークであり、平均値の心理学的事実に過ぎない。例えば心理学の実験では、背の高い男性とバストの大きい女性は平均値としてモテやすいというデータがあるが、背の低い男性を好む人、バストの小さい女性を好む人も沢山世の中にはいる。大人数の平均的傾向と個別のデータには、常にある程度の乖離や例外があるのだ。私は幸せだし、美男美女でなくても人生は輝かせられる。

さらに、この研究には心理学者ならではの批判も可能である。顔の美醜にかかわらず、楽しく、幸せに生きている人は美しく見えるものであり、楽しくなく嫌味多く生きている人は、美しく見えないものだ。であれば、美しい人が幸せである、という相関はある意味で当たり前であり、それは顔のレベルだけのことではないだろう。多面的な楽しさ、美しさ、価値観を味わってこそ人生は楽しいし輝くのだ。だから、皆さんも容姿なんかに自分の人生を左右されないで欲しい。

世界が、神が作ったＶＲゲームであることを量子論が示唆するとすれば、そのゲームの中での我々の行動もゲームが規定する範囲内での「想定されたパラメータ変化」に過ぎない。世界は全て事前に決まっており、その中でのわずかなパラメータの変動が我々の自由意志と呼ばれるものに基づいた行動なのである。

『龍が如く』の中で主人公は、ゲームのプレーヤーの意志に基づいて、沖縄や東京を行き来することができる。この時、沖縄に移動する行動は桐生一馬の意志とはいえないだろう。そのゲームにおける神であるプレーヤーの意志なのだ。我々も現実というVRゲームの主人公であり、一つ一つの行動は、自由意志で決めていると思い込んでいたとしても、その実、神というこの世界のプレーヤーの意志によって決まっているのかもしれない。

全ての行動が神というプレーヤー、つまり、世界と自己との相互作用によって事前にそして自動的に決められ、操られている。自由度がその実ゼロで、全ての行動は、神の意志によって決まっているのかもしれない。ただし、その神は無自覚な神としての自分なのかもしれない。このことは、唯識の章でも指摘したことである。

リベットの実験も、脳に操られる犯罪者の人生も、唯識も、量子論と良い合致を見せる。量子論においても結局は同じ結論「心理学的決定論」に至るのである。

第7章　意識の科学の歴史

最新の脳科学もまた、心理学的決定論を支持すると筆者は思っている。筆者自身、心理学者として脳科学について学びを深めていく中で、最終的には全ては事前に決まっているとする心理学的決定論に行き着いた。筆者の脳科学の学びの時間的な流れを追体験する中で、心理学的決定論に至る必然を、この章では味わってもらいたい。

7-1　哲学的否定

この20年の心理学、脳科学における意識研究の取り組みを紹介する。

まず、ダニエル・デネット（1942年生まれ）やニコラス・ハンフリー（1943年生まれ）を紹介する。両者ともに、その思想を1970年代以降に多数の書籍および科学論文に記している。彼らに代表される神経哲学者たちの一部は、そもそも、クオリアのような主観世界について科学的に取り組むことの価値を否定している。クオリアがあると思ってしまうのは、錯覚であり、それは実存しない。したがってそれについて時間と労力をかけて検討するのは時間の無駄であるという立場である。

この立場を支持するという方にとっては、この章のこれ以降の内容はそもそも意味がないかもしれない。

7-2　量子脳理論

ノーベル物理学賞を受賞した、ロジャー・ペンローズ（１９３１年生まれ）は、量子脳理論という仮説を提唱している（１９８９年の著書『皇帝の新しい心　コンピュータ・心・物理法則』が有名）。脳内の神経（脳）細胞にある微小管が意識に関与しており、脳で生まれる意識は宇宙世界で生まれる素粒子より小さい物質であり、重力・空間・時間にとらわれない性質を持つため、通常は脳に納まっていると考える。

この説は、脳細胞の中に存在する（当時はまだ）よくわかっていなかった構造物の微小管に、意識というよくわからないものを押し付けていると評されることが多い。わからないことを、わからないものに押し付けて、わかった気になっているだけ、という批判である。つまり、そもそもよくわからない、実にふわっとした仮説であり、その実何もいっていないことに近い仮説であるという批判だ。私自身、この批判は芯を喰っていると思っている。

7-3 NCC

NCCとは、ニューラル・コリレイツ・オブ・コンシャスネスの略で、英語では、Neural Correlates of Consciousnessとなる。定義は、「意識に上る知覚に対応した十分なニューロンの活動とメカニズムの最小単位」となる（英語では、The minimal set of neuronal events and mechanisms jointly sufficient for a specific conscious percept.）。

これは、DNAの二重螺旋構造でノーベル賞を取ったフランシス・クリック（1916〜2004）と、その弟子のクリストフ・コッホ（1956年生まれ）が提唱した考え方で、意識体験に対応した神経活動を適切に記述していけば、意識を脳活動から説明できるとする説である。

完全に唯物論的な前提に立っているし、意識が命題に変換可能であるという前提にも立っている。1980年代後半から1990年代に隆盛を誇った考え方だ。特にfMRIやPETなどの脳画像診断技術の躍進で、この考え方は心理学、脳科学において一時的に主流といえる位置を占めた。

ＮＣＣの具体例としての両眼視野闘争とＴＭＳについて紹介したい。

両眼視野闘争とは、左右の目に全く異なる映像を入れると、左右いずれか一方の映像が意識に上って見えて、それが時折入れ替わる知覚現象のことを指している。

例えば、右に傾いた赤と黒の縞を左目に、左に傾いた緑と黒の縞を右目に提示する。すると、時には、赤の縞が見え、時には緑の縞が見えるという入れ替わりの知覚の状態が起こる。入力としては二つの縞は確実に目に入っている訳だが、意識に上るのはいずれか一方であるということだ。

この両眼視野闘争の状態をサルに見せ、その間サルの脳からの電気的反応を計測する。このサルは事前に、両眼視野闘争で緑が見えている時は右のボタン、赤が見えている時は左のボタンを押す訓練がなされていて、サル自身の知覚内容を適切に報告できる状態になっていた（図７‐１）。

この実験は、ドイツのマックスプランクという、世界的な生理学研究所のロゴセシス教授

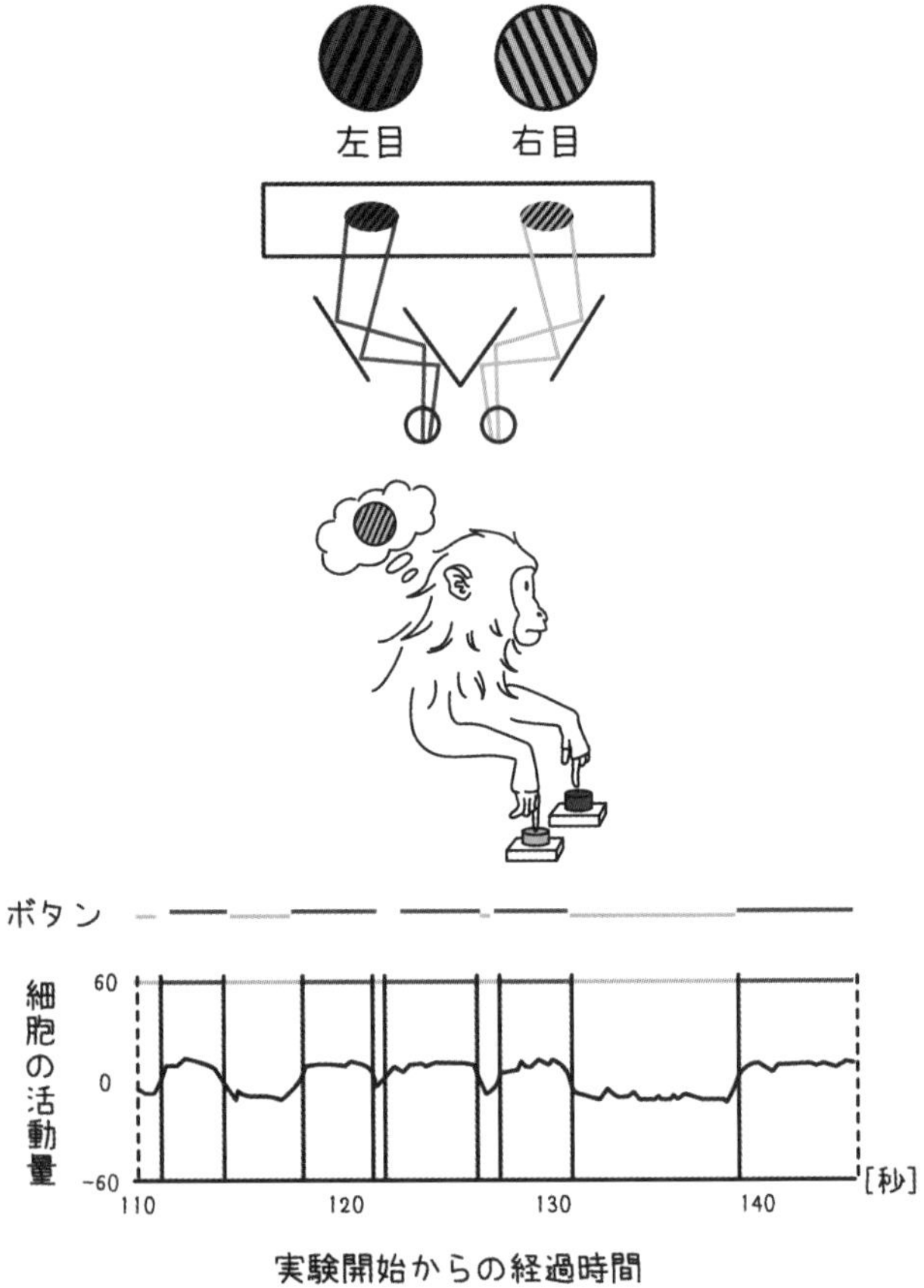

図 7-1　両眼視野闘争とTMS
Leopold, D. A., & Logothetis, N. K. (1996). Activity changes in early visual cortex reflect monkeys' percepts during binocular rivalry. Nature, 379(6565), 549-553.
Bartels, A., & Logothetis, N. K. (2010). Binocular rivalry: A time dependence of eye and stimulus contributions. Journal of vision, 10(12), 3-3. を参考に図を改変の後に転載。

という人物によって行われた。ここまで説明を書いていて、読者の方もこの実験、かなり準備が大変であったろうと想像がつくだろう。実際に、発案から論文になるまで10年ほどの時間がかかったそうである。

さて、ロゴセシス教授は、意識に上っているのが緑と赤のどちらだったのかを時間的に記録した。この間に計測されていた脳細胞の電気的反応を解析して、緑と赤の切り替わりに対応して変化している脳の場所を明らかにしたのである。

その結果、低次視覚野と呼ばれる視覚情報処理の早い段階（処理のレベルが低い段階）では両眼視野闘争時の知覚の交代に対応する電気的活動が少ないが、下側頭連合皮質と呼ばれる高次の視覚領野ではそれが多いことがわかった。

図7-2　ロゴセシス教授

この実験のすごいところは、確実に意識に上った知覚に対応した脳活動がどこで生じているのかがわかった点である。

赤と緑の二つの刺激は物理的には常に脳で処理されているはずだ。なぜならそれらは物理的に常に存在しているからである。赤と緑の違いは唯一、意識に上っているかどうかである。であれば、対応して切り替わりを見せる脳活動が起こっている場所は、確実に「意識上の切り替わり」に対応していることになる。つまり、意識と脳活動の場所がこれまでにないレベルで一対一対応していたことになる。まさにNCCの極みともいえる結果が得られたのである。脳科学の中でも特別にエレガントな実験の成功例といえるだろう。

もう一つNCC研究で流行した方法論は、TMSという脳への磁気刺激法である。経頭蓋磁気刺激法（Transcranial Magnetic Stimulation）が正式名称で、強い磁気を頭蓋骨の外側から脳に与える。特定の脳領域に限定して磁気を当てると、その脳部位の活動に変化がもたらされる。例えば、脳活動が抑制される、といったことである。

その時に、被験者に何か課題を課しておき、もしその課題の達成率のようなものが下がるなら、その課題にとっては、刺激された脳部位の活動が必要であることがわかる。

例えば、言語野にTMSを与えることで、絵がうまくなる（下手になるのではなく！）という報告が存在する。「ジャーナル・オブ・インテグレイティブ・ニューロサイエンス」という学術誌に２００３年に掲載された論文で、著者のスナイダーらはＴＭＳを左前頭葉に当てた。左前頭葉は言葉と関係していて、ＴＭＳでその言葉の機能を一時的に落とすことで、絵が一時的にうまくなるというのである。

筆者らは、これはサバン症候群の特徴を一時的に引き起こしていると考えている。サバン症候群とは、芸術や数学など特定の分野に圧倒的な能力を発揮する一方で、全体的な脳の処理能力が一般的なレベルにない脳の個性を持った人たちを指す言葉である。

図7-3　左二つがTMSを受ける前の絵、右二つがTMSを受けた後の絵

Snyder, AW. Mulcahy, E., Taylor, JL., Mitchell, DJ., Sachdev, P. & Gandevia, SC. (2003) Savant-like skills exposed in normal people by suppressing the left fronto-temporal lobe. Journal of Integrative Neuroscience, 2, 149-158. より改変の後に転載。

例えば、映画『レインマン』ではダスティン・ホフマンが記憶力に異常に優れたサバン症候群の患者を演じている。人類の歴史の中で、サバン症候群の人たちの優れた業績の事例は多数ある。

絵を描く方法には二つあり、一つは「口の上には鼻があり、鼻の上には目が二つある」という命題的に絵を描く方法。もう一つは見たものを見たままに描く方法である。言語野の活動を抑制することで、命題的な絵の描き方が抑制され、一時的に見たものを見たままに描くという能力が引き出されたのではないか？　と筆者らは考えている。

絵画教室では、有名な絵画を逆さまにしてそれを模写させるという方法で描画技術の向上を目指すことがある。上下逆さまにすることで、命題的なアプローチを抑制するという方法論である。TMSによる刺激はまさにこれと同じ理屈であると思われる。

ちなみに、『AKIRA』を描いた大友克洋先生と、そのご子息で画家をしている大友昇平さんは、親子揃って画力が異常なほどに高い。これも、もしかすると、特殊な脳の活動のパターンが遺伝しているのかもしれない。

筆者のラボにもTMSを配備している。筆者自身が行ったTMSの研究も紹介しておく。

ピンポン球を半分にしたものを両眼の上に被せて、その上からLEDを激しく20Hzくらい

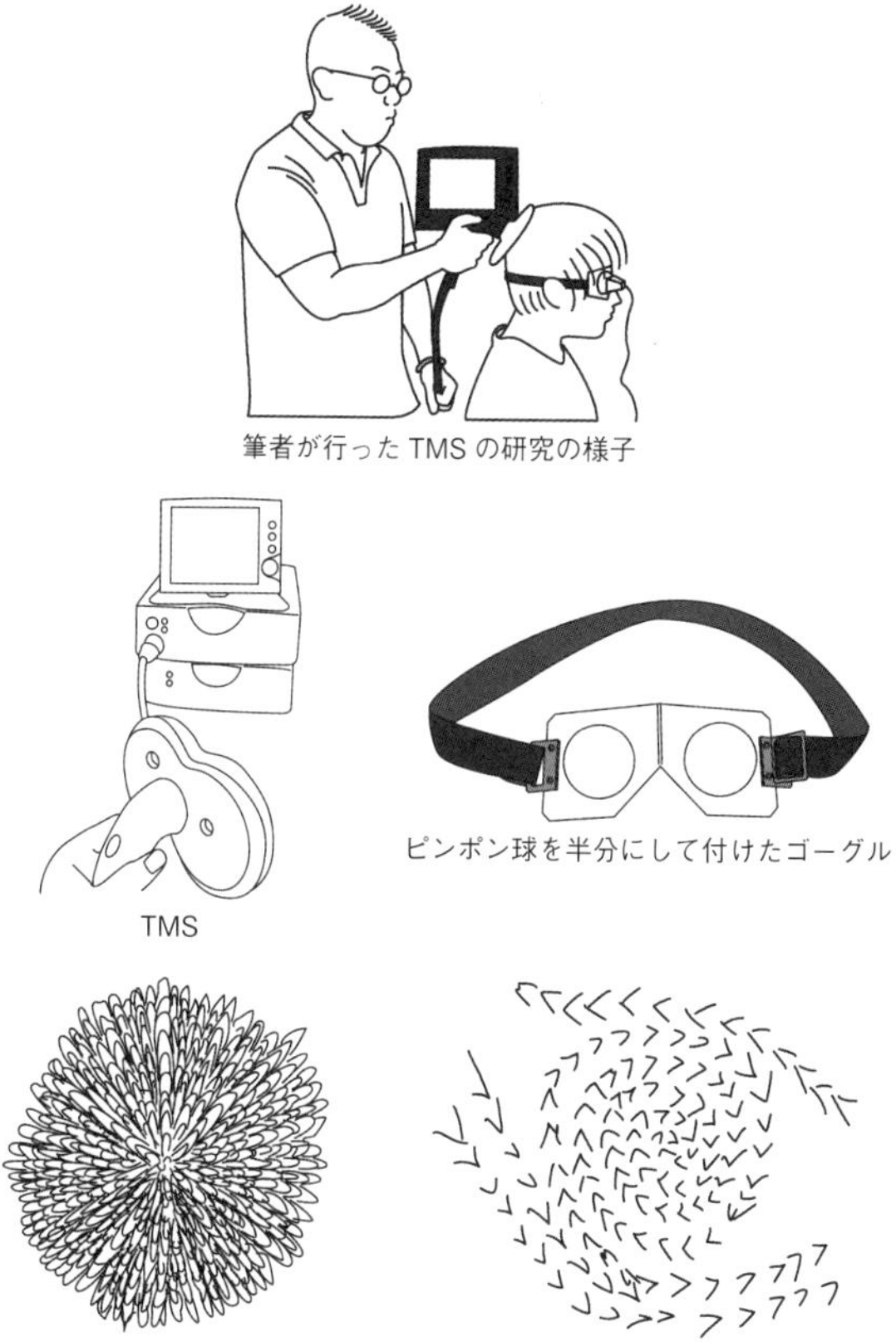

図7-4　幻覚知覚時にTMSを当てる実験。ピンポン球のゴーグルを装着し、眼前でLEDを点滅させると上の二つのスケッチのような幻覚が見える。TMSで様々な脳部位を刺激しそれを抑制するという試み
Seno T., Elliott, M. & Nakajima, Y. Induction of visual hallucinations by sustained flashed lights and the inhibition of them by rTMS. ASIAGRAPH 2015 Forum in Tainan Proceedings, 10, 91-92. より改変の後に図を転載。

で点滅させると視覚的幻覚が生じる。幻覚といっても、単純な縞模様や、ドット、波のような模様が見えるくらいのことである。

この時に、後頭部の視覚野（の中でも特に低次な部位）を含めて、脳のどこにＴＭＳで磁気刺激を与えると、幻覚が部分的に抑制されうるのかを調べた。脳内で錯覚的に起こる知覚を脳に電磁気を当てて消すという、まさにＮＣＣ的な研究であった（図７‐４）。

ＮＣＣは、心理現象に関わる脳部位を特定するというロジックが美しく、シンプルで面白かったため、生理学、脳科学、心理学で大ブームが起こり、研究事例数も90年代以降に爆発的に増加した。脳画像で「〇〇の活動をすると、脳のここが活動しています！（例えば、数学の問題を解いていると、前頭葉が活動する、とか、会話をしていると左側頭部の言語野が活動している等）」「脳が喜んでいます！」のような言説がＴＶに溢れていた時期もあったので、一般の方でもなんとなくそれは知っていると思われる。

ｆＭＲＩやＰＥＴといった脳画像診断のための装置についても、おそらく多くの方はご存知だろう。脳活動を画像にして、知覚や認知の機能を場所で説明するということである。

このアプローチは、一見すると心理学において躍進的発見をもたらしてきたと思われるが、必ずしもそうではなかったともいえる。もちろん、知覚や認知の機能に関わる脳の場所についてはとても多くのことがわかった。しかし、やはりハードプロブレムは解けなかった。機能は場所では説明されないからである。

例えば、脳を東京の街だとして、「記憶は品川で処理しています」ということがわかったとして、じゃあ品川はどのように記憶を作ったり、消したりしているのですか？　といわれた時に、「品川（あたり）です」という場所の指定のみでは、何も説明になっていない。

仮に「記憶の定着は大崎で、記憶の消去は五反田で」ということがわかったとしても（つまり、より細かく場所と機能の特定と対応づけができたとしても）、それでもやはり「どのようにそれをしているのか？」の説明にはならないのだ。機能は場所では説明できない。二つのレベル、次元が異なるからである。

脳科学によって、特定の行動、感情などと脳の活動が一対一対応することが明らかになった。これによって、行動の原因が脳に規定される可能性が明らかになった。

しかし、その脳活動は全て事前に環境との相互作用で決まっている。小児性愛者の脳では小児ポルノに興奮する脳活動が得られてしまう。そうしたＮＣＣが明らかになったとして、それが個人レベルで得られることの原因はわからない。つまり、小児ポルノに対して小児性愛者の脳が異常活性するとしても、その脳がなぜその人物において得られたのか？　についてはわからない。それは神が決めたことなのである。

神とは、世界と個人のやりとりによる必然である。そういった特異な脳を持ってしまったことは、やはり事前に決まっていたことなのである。ＮＣＣひいては脳科学の限界を超克する必要性に我々は迫られている。その一つの可能性として、心理学的決定論についての実証的な研究を始めるべきではないだろうか。次世代の心理学者と脳科学者の協調的な挑戦に期待している。

第8章　意識の正体

心理学的決定論が受け入れがたく思われるのは、我々には自由意志が存在するという強い信念があり、自分には意識があると考えるからだろう。人は自己の考えや行動は自分の意識で操っていると強く信じている。

しかし、その「意識」とは一体なんなのだろうか？　これを定義付けするのは大変に難しい、ＡＩの章でも記載したが、脳が完全に解明されたとしても意識の謎は解けない。ハードプロブレムは解かれないのだ。

意識がなぜ生まれたのかは難しい問題である一方で、実は非常にシンプルに意識とは何かについての仮説を提案することは可能だ。

意識とはなんだろうか？

私は意識とは、結局のところ「情報」であると考えている。この意識＝情報仮説は、心理学的決定論と非常に良い対応を見せる。最新の意識にまつわる心理学的な仮説を紐解きながら、この点についてわかりやすく解説したい。

8-1　ＩＩＴ（Integrated Information Theory）

ＩＩＴとは、イタリア出身のアメリカの神経心理学者のジュリオ・トノーニによって提唱された、意識に関する学術的な仮説である。

この仮説では、意識とは情報を統合することと深く関連しているとしている。情報の統合とは、１＋１が2以上になるような、情報の足し合わせ、すなわち情報の解釈のことを指し、意識とは情報を解釈するためのアルゴリズムであるとされる。

具体例として、赤くてイイ匂いの物体を、「赤い」という情報と、「イイ匂い」という情報、二つをそのまま独立した情報として、そのままで理解するのではなく、「林檎である」という解釈を与えること。これが意識である。情報を統合して、ただの足し合わせ以上の理解を得ること、これこそが意識であるとトノーニは主張する。

図8-1　ジュリオ・トノーニ

人間は極めて高度な情報の解釈、統合が可能であり、生物の中で最上級の意識を持っている。意識には情報の統合のレベルに沿った階層、レベルがあるとも主張されている。

例えば、光の方向と逆に這っていくナメクジ（負の走光性）にもそのレベルの意識、情報（光の方向という情報）の解釈があるのである。

私は情報そのものが意識であり、その統合の必要性すらないと考えている。山も海も太陽光という情報を熱等の多数の情報に変換する、その意味で、彼らなりに意識があるといえる。0１0１0１というデジタル信号の情報を、音や画像に変換するのがコンピュータであるが、彼らにもそのレベルの意識があるのだ。人間も、空気の振動を音に変換し、光の反射を画像に変換しているので、同じことである。

「情報」という言葉を正確に定義したい。『日本語大辞典第二版』には三つの定義が記載されており、私にとっての「情報」の意味に非常に合致している。

第一に「実情についての知らせ」、第二に「判断行動の上で必要な知識」、第三に「一定の約束に基づいて人間が数字・音声などの信号に与えた意味や内容」となっている。今後、この定義を前提に読み進めて欲しい。

意識とは情報なのだ。つまり、意識は生身の体に縛られない。コンピュータに移植することが可能であるし、光の速度で、移動させることだって可能になるはずだ。

ジョニー・デップ主演の映画『トランセデンス』では、主人公の意識をコンピュータに移植することが描かれる。これは近い将来実現可能になるだろう。実際に東京大学の渡邉正峰准教授は、このことに真剣に取り組んでいる。すでにＳＦではなくなっているのだ。人の意識を機械、コンピュータに移植することに正面から取り組んでいる科学者が世界中にいることは知っておいてもらいたい。

なお、意識についての仮説は、他にも様々な研究者によって提案されている。例えば、日本人では、茂木健一郎氏のワン・コンシャスネス・ハイポセシス（One Consciousness Hypothesis）や前野隆司教授の受動意識仮説などが挙げられる。ここでは詳しく取り上げないが、興味がある人は、調べてみて欲しい。

意識の本質が情報ならば、東京とニューヨークを瞬間移動することも可能になるし、火星で生存可能なアンドロイドの身体に意識を移植し、火星に移住することも可能になるだろう。このことは『WESTWORLD』シーズン２のラストで描かれた最大のネタバレでもある。

ドラマで描かれた、死なない人間も遠い未来の話ではなくなってくるはずだ。

つまり、人間の本質、生命の本質は情報であるから、炭素などでできた体のような実体は不要であり、その情報をどこかに保存すれば、永遠に生きられるという考え方である。別の星であっても、宇宙を永遠にさまよってでも、情報が壊れなければ永遠に存在することができるのだ。

「水槽の中の脳」というＳＦのモチーフがある。『ルパン三世』の複製人間マモーなど、自分の脳を水槽の中で培養し、永遠に生きるという表現は繰り返し描かれている。

しかし、意識は脳にさえ縛られないと私は思う。意識が情報であるならば、それを保持するのは脳でなくとも構わない、電子回路でもよいのだ。

そうであるならば、情報をどこかのサーバーにアップロードしておけば、永遠の命が得られる。生体３Ｄプリンターが実現した時に、サーバーの情報をそのプリンターで作った生体にダウンロードすれば、再び現実世界に戻ってくることも可能である。

まさに、このテーマが描かれているアメリカのドラマ『アップロード～デジタルなあの世へようこそ～』が２０２０年5月1日に公開された。とても面白いのでご視聴をお勧めしておきたい。

少し視点を変えて、ブレイン・マシーン・インターフェースと呼ばれる一連の研究では、脳波で、遠隔地のロボットアームを動かすことに、すでに何度も成功している。

映画『アバター』では、足が不自由な生身の主人公が、自らのアバターである野獣を密林のパンドラで自由自在に動き回らせるが、ブレイン・マシーン・インターフェースの発展と、意識の移植技術の進展によって、これが現実のものになる日が必ず来るだろう。つまり、人間の意識が身体にも脳にも縛られなくなる時代が来るのだ。

意識が情報であるならば、万物にそれに応じた意識があることになる。つまり、現代の心理学が行き着く果てに、万物が神という仏教的思想があるのだ。

『２００１年宇宙の旅』では、遠く宇宙の果てにたどり着くと、いたって普通の部屋に行き着いてしまう。つまり、世界の深淵を求めて遠く旅しても、結局自分の中の心の小さな部屋「私」に行き着いてしまうのではないか。「青い鳥」がいたのも、結局初めにいた部屋だった。そんな世界観だ。

全ての情報が意識であるなら、ビッグバンから意識があるといえる。人間にだけ意識があると考えるのは不自然である。意識をもし命題にすることができて、なんらかの自然法則として記述できるなら、それは人間にだけに成り立つ自然法則であるはずがない。万物に成立するからこその自然法則であるはずだ。であれば、やはり、情報それそのものが意識なのではないだろうか？　ＡＩにはＡＩの意識、山には山の意識、海には海の意識、まさに曼荼羅の世界観である。

意識が０１という情報に還元されるとすれば、意識によって生じる我々の行動もそのレベルにまで還元されるといえる。どんなに我々が自分の意志や意識で選んだと思われる行動も、結局は０１の情報にまで還元される。環境と自己との相互作用によって、必然的に決まっている行動も、「情報」として見ることが可能なのである。

そこに自由意志による「マジカルな」「なんらかの不思議で情報に還元できない」裁量分があると考えるのは、錯覚であり、誤解なのだ。

植物が光合成をする、山に太陽光が当たり山全体の温度が上昇する。このレベルの情報の変換と、あなたが今この本を読んでいるというあたかも意志による行動の間には、大きな差はないのである。全ては事前に決まっていた情報の変動である。意識は情報に過ぎない。

その情報にはレベルがあり、人間の持つ意識の情報のレベルは極めて高い。しかし、それも結局はなんらかの自然法則に基づいた振る舞いでしかない。つまり、枯葉が落ちる自由落下の法則と同じで、外界のありとあらゆるパラメータがわかれば意識に基づくとされる行動は全てあらかじめ予測できる。

意志よりも先に脳が動くことも、脳の暴走で覚醒剤をやめられないことも、全てはラプラスの悪魔であり、事前に決まっていることなのだ。我々の全ての行動、つまり「人生」は映写機の中のスライドのように事前にセットされており、それが一枚ずつスクリーンに映されているだけなのだ。

意識がただの情報（複雑極まりない情報ではあるが）だと考えれば、この心理学的決定論の尤《もっと》もらしさを信じられるようになると私は思っている。

8-2 クオリアの進化論

クオリアの誕生は、カンブリア爆発時代に起こったと考える研究者がいる。エディアカラ紀からカンブリア紀へ、生物多様性の大爆発が起こる。捕食者と被食者の進化競争によって、多様性が爆発するのだ。多様性の中で、光受容細胞からレンズ眼への進化が起こる。5億2000万年前のハイコウイクチスは、クオリアを持っていた可能性があるとする学説がある(より詳細を知りたい人は、『意識の進化的起源:カンブリア爆発で心は生まれた』トッド・E・ファインバーグ、ジョン・M・マラット著をお読みいただきたい)。

クオリアが生まれるための生物進化の順序は、知覚、記憶、私、クオリアとなる。まず日々の生存競争の中で、自分に対して、赤い敵と青い味方がいるとする。敵か味方かを判別するために、知覚(ここでは視覚)が必要になる。次に毎度、赤い敵に効果的に反応する(逃げる)ためには、「記憶」が必要となる。

記憶には、宣言的記憶とエピソード記憶というものがある。

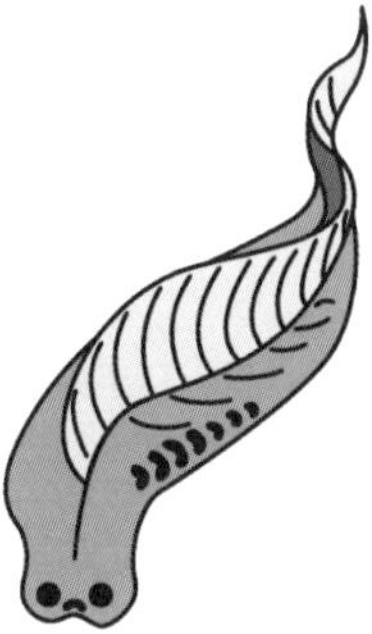

図8-2　ハイコウイクチス

宣言的記憶とは「赤は敵である」という記憶である。一方で、エピソード記憶とは「私は赤に襲われた」という自分を軸にした記憶である。「鎌倉幕府成立は1192年」という記憶は宣言的記憶であり、「イイクニ作ろう鎌倉幕府って覚えたなあ」というのはエピソード記憶となる（ちなみに今の学生は守護地頭の設置がなされた1185年で、「良い箱作ろう鎌倉幕府」として覚えているらしい。個人的には箱より国だろ！　とは思う）。

この例からも明らかだが、宣言的記憶は忘れやすく、エピソード記憶は強く定着されやすい。このエピソード記憶を持つためには、軸となる主人公、つまり「私」という認識が必要になる。「私」という概念は、エピソード記憶を持つために開発されたものだと考えられるのだ（この説は、前野隆司先生によるもの。より詳しく知りたい人は『脳はなぜ「心」を作ったのか　「私」の謎を解く受動意識仮説』を読んでいただきたい）。そして「私」が生まれたことによって次に、「クオリア」が生まれたと考えられるのである。

8-3　心は脳にあるのか問題再燃

ジョン・C・エックルス。1963年にノーベル生理学・医学賞を受賞。彼は脳にある心の受け皿の単位として、サイコン（Psychon）という全くの恣意的な心の単位の概念を提唱した。この考えは、対応する脳細胞の存在といった物理的根拠のない空想であり、ある意味で言ったもの勝ちの仮説だった。そのため、科学界では支持が得られず、廃《すた》れていった。エックルスの世迷《よま》い言《ごと》として処理されてしまったのだ。

しかし、果たしてサイコンという概念は滑稽だろうか？　現在の脳科学で多用される表現に、意識のような高次元の心的働きは「前頭葉を含めた広範な脳のネットワークによって生まれる」というものがある。この表現はサイコンと、有意に異なっているだろうか？　私には、同一次元の問題で言葉の置き換えでしかないように感じられる。

結局のところ、「脳と心に何らかの一対一の対応があり、その対応関係は、今のところ人間にはわからない」とする考えに過ぎないのだ。

マルチ電極やスプレッドシート電極と呼ばれる方法によって、何万という脳細胞の電気的な振る舞いを同時に記録できるようになったのに、心は見つからない。我々は全く新しい地平にたどり着けずに、同じ場所を行ったり来たりしている。これこそが、ハードプロブレムがハードと呼ばれる所以《ゆえん》である。

脳科学の限界を超克するために、可能な方法は何か？

一つの方法は、芸術であろう。芸術家たちは、独自の方法論で世界の真実に向き合ってきた。そして一定の成功を収めてきたといえる。

もう一つの方法は、哲学だろう。哲学には、心と脳の問題の答えを引き出すヒントが豊富にある。その中でも、特に興味深いのはベルクソンによる一連の思索である。次の章でこれを紹介する。

第9章　ベルクソン哲学にヒントが！

科学的アプローチと同様に人間にとって真理を追求する重要なアプローチが思索、すなわち哲学的アプローチである。哲学は、自然科学と同じかそれ以上の長い歴史を持つ、人間に許された重要な真理へのアプローチ方法である。

この哲学においても、心理学的決定論の裏付けが得られる。過去の哲学も最新の哲学も心理学的決定論の相似形を内包しているのだ。この章ではそれを見ていきたい。

9-1 「脳=心」ではない

アンリ=ルイ・ベルクソン（Henri, Louis Bergson、1859〜1941）は、パリ出身のフランスの哲学者である。

「脳という物体のある時の状態は、その生体の行動の原因ではあっても、その生体の心理内容を表してはいない。モノの知覚がどこにあるか？　無理にでもいえといわれるなら、脳の中にではなく、むしろ、対象のうちにあるのだ」

ベルクソンはいう。「脳＝心」ではないと。さらに、記憶は脳の中に保存されている訳ではないともいう。なぜなら物質は表象を表現できないからだとベルクソンは主張する。記憶という表象は脳という物質の中には存在しないと。

チャーマーズのハードプロブレムを思い出してもらいたい。記憶のような「表象」「主観的なもの」と物質には、現時点での人間には理解不能な断絶がある。物質つまり脳細胞では、表象つまり記憶を説明できないのだ。ベルクソンは、チャーマーズ以前にこのことを指摘していたのである。

もし記憶について脳細胞で説明可能だとすれば、物質が世界の全てを説明できるという、唯物論を前提に据えねばならない。

ベルクソンは、唯心論、唯識の流れとつながる哲学者であると私は思う。物質と表象を一元論的にまとめることができないと考える以上、心は脳にないのだ（このことは世界的な脳科学〈神経科学〉の権威である、V・S・ラマチャンドランも指摘しており、脳科学者自身も

図9-1　アンリ＝ルイ・ベルクソン

決して全員が「脳＝心」という前提で研究をしている訳ではない）。

時間というものも、ベルクソンにいわせれば、あってないようなものとなる。例えば、もし鉄砲玉より速く動けるなら、今見ている時間のスケール感では、世の中は緩慢すぎるだろう。人間の時間スケールは恣意的なものであり、なぜそのスケールなのかについては何もわかっていない。ナメクジの時間のスケール感と人間のそれは異なるはずで、そこには身体に媒介された何かしらがある（詳しくはベストセラーになった『ゾウの時間ネズミの時間』がおすすめである）。時間という、明確に一意に定まる物理的な存在はなさそうなのだ。

脳の中の時間で心理学的に面白い現象にクロノスタシスと呼ばれるものがある。時間順序は、脳の中で再構成されていて、物理的な時間と主観的な時間は一致しないという事例だ。腕時計を見ていると、秒針が止まっていると感じることがある。１秒以上経ってから秒針が動いた、と感じることがあるだろう。この現象に、クロノスタシスという名前がついている。これを解説することで、物理的時間と主観的な時間が異なることが端的に示せる。

心理学でわかっていることとして、目線を別の位置に動かしている際には（専門用語でサッケードと呼ぶ）、網膜上に激しい運動が瞬間的に生じてしまう。この一瞬の激しい運動（ブレのようなもの）を意識的に「見て」しまうのは情報的に無駄であるから、このサッケードの間は、網膜情報が意識に上らない。これをサッケード抑制と呼ぶ。

実際には数百ミリ秒がサッケードの間に経過しているから、情報の空白が生まれてしまう。人間はこのサッケード中の期間を、サッケード後に見たものを初めから見ていたという思い込みで埋めてしまう。数百ミリ秒のサッケードの間が、サッケード後の秒針を見ていたという捏造された事実によって埋められる。

そのため、サッケードの間の数百ミリ秒と、実際の秒針を見ていた時間が足し合わされ、トータルで1秒以上秒針が同じ位置にあったという知覚が生まれてしまうのだ。これがクロノスタシスである。

時間というものがいかに曖昧で、物理的なものから乖離しているのかがよくわかる心理現象である。時間も、記憶も、主観的なものは物理世界だけで説明ができないのだ。

ここで、脳と心に関して、ベルクソンが用いた比喩を紹介したい。指揮者とオーケストラと楽曲、この関係は、脳と身体と心と相似形であると彼は述べている。楽曲（心）の本質を知るためには、オーケストラ（身体）の構造を調べねばならない、指揮者（脳）をいくら調べても、身体を調べる時のように本質に迫れる発見や理解は得られない。指揮者が主役に見えても、そこに本質はない。指揮者が我々に与える主役感は錯覚のようなものなのだ（ベルクソンの「脳の中に表象はない」という言葉は、まさにこのことを指していると思われる）。

先に示したエックルスの「サイコン」（脳と心の仮想の最小単位）、現在の「前頭葉を含めた広範な脳のネットワーク」によって心が生まれている、という言説は、まさに「指揮者」のことを幻影的に指摘しているだけだと私には思われる。

痛みはどこにあるのか？　これはルートヴィヒ・ウィトゲンシュタインが指摘した、積年の哲学的な謎である。痛みは脳の中にあるのか？　傷の中にあるのか？　痛みがどこにあるのかを一点だけ明確に指し示すようにいわれれば、人は困り果てるのである。クオリアは脳の中にはない、身体と環境との相互作用の中に存在する。だから、痛みの場所は一点に指摘できない。

9-2 「今」の持続

ベルクソンによる映写機の比喩も面白い。映写機には、全ての事柄が事前に記録されており、それが一コマずつ順序立てて、提示されることで、映画が成立する。我々の人生も、これと同じなのかもしれない。

つまり、実在しているのは「現在の持続」一コマずつのフィルムだけなのだ。紡がれる「今の連続と持続」によって、物語が意味を持ち、時間の流れが生まれる。しかしその実、過去も未来も全て初めから映写機の中にある。決定論再びである。

ベルクソンにとって最も不思議かつ重要な問いは、なぜその「今」が持続するのか？　ということであった。今と次の今の間には5億年の隔たりがあるかもしれないが、我々はそれに気がつけない。この世には、今という瞬間しか存在しない。今が、次々と持続していることの不思議さを彼は指摘している。

ゼノンの矢という哲学的な考え方がある。放たれた矢を動画に撮れば、どのコマを見ても、矢は止まっている。止まった矢のコマを連続で提示することで、飛ぶ矢が生まれる。この持

図9-2　ゼノンの矢

続が、なぜ起こるのか？

この持続こそ、意識の本質であり、ビッグバン以降に生まれた意識の自然法則であると私は考えている。

太陽が毎日昇ることを祝う人間には、明日という未来は確定していない。人間は、地動説を信じることで、明日という未来を確定させた。知識、情報が増えることで、未来は確定していく。ラプラスの悪魔でも情報が十分にあれば、未来は確定していることがわかるとする。つまり、世界はすでに決まっているのだ。

同様に、モーツァルトの名曲はモーツァルトの中に内在していたのか？名曲はいつ生まれたのか？　初めからそこにあったと考えるのが、ベルクソン哲学的には正しいのだろう。つまり、全て初めから映写機の中に用意されていた。それが正しい手順で映画として提示されただけなのだ。

古今東西の作曲家が楽曲制作時に曲やメロディーが「降りてくる」と表現する。あれも結局、その人の人生という映写機の中にはじめから組み込まれていたものが、登場の順番になったことで、自然に出てくることを意味しているのかもしれない。つまり、作曲家の個人的な努力と作曲は、別次元の何かであることが示唆されているように私は思っている。

思索によって生じた結論は、行動科学や自然科学におけるエビデンスに基づく必要は必ずしもない。ベルクソン哲学は、現時点での脳科学や生理学、心理学の行き詰まりに対して、逃げ道を用意してくれる。そして、その逃げ道こそが正解である可能性がある。世界は事前に全て決まっており、映写機によって順序よく映されているだけだという考え方である。つまり、心理学的決定論が正しいという考え方である。

第10章　ベクションと心理学的決定論

10‐1　自分の体が動いているという錯覚

私が心理学的決定論に至った道筋を理解してもらうために、私の心理学者としてのど真ん中の専門分野であるベクションという知覚現象について説明をしたい。私が通った道を簡潔に短く追体験してもらいたい。

ベクションは、環境と私の関係がそもそも曖昧であり、その関係性は一意には定まらないことを私たちに教えてくれる。環境と私、主体と客体のような関係をひっくり返してしまってもよいのではないか？　ベクションを学べばそれが自然に理解できる。

唯識の「世界とは私のことである」という発想は、ベクションと非常によい対応を見せる。7章で紹介した「知覚」と本章は似ており、既視感を感じるかもしれないが、知覚の中でも「ベクション」という、より具体性のある知覚の一分野を通して見ることで、私の考えをもっと理解してもらえるはずだと思っている。

非《ひ》風《ふう》非《ひ》幡《ばん》という禅問答（考え方）がある。あるお坊さんが風にはためくのぼりを見て、

「のぼりが動いている」といった。別のお坊さんは「いや、動いているのは風だ」といった。また別のお坊さんが「動いているのは、のぼりや風ではなく、あなた方の心だ」といった。「世界」とは私の心のことなのだと。

物理的なモノが確実なもので、それを見ている意識は不確実なものであるとする考え方の主客を転倒させてみる。すると、目に見えるモノは不確実であり、それを見ている私の意識のみが確実なものとなる。私に、この発想の転換をもたらしてくれた具体的な「もの」こそが「ベクション」だった。

ベクション（Vection）を知っているだろうか？　この言葉を知らなくても、日常のどこかの場面で、皆さんもこのベクションを体験したことがあるはずである。

ベクションとは、実際には自分は動いていないのに、自分の体が動いていると感じる錯覚のことである。停車中の電車に乗って、対面するもう一つの電車が動き始めると「あれ！自分の電車が動いた!?」と感じる。この錯覚的な自己移動感覚がベクションである。

浅草花やしきなどの古典的な遊園地にある、ビックリハウスと呼ばれる回転する家に入った経験はないだろうか？　あれもベクションだ。

車に乗って信号で停車していて、隣にトラック等の大型車が停車して青信号になり、先にその大型車が前進すると自分の車が下がったかのように感じる。ガソリンスタンドの洗車機に入り、大型のモップが前後に動くと、止まっているはずの車が前後に移動しているように感じる。これらもベクションである。

ちなみに、アクセルとブレーキの踏み間違い、ブレーキを踏んでいるのに車が止まらなかったという報告の車による事故、例えばコンビニの駐車場で店舗に突っ込むなどは、隣の車によって誘引されたベクションが実は原因であるケースが多いと思われる。

ディズニーランドのスター・ツアーズというアトラクションや、ユニバーサル・スタジオ・ジャパンのスパイダーマンのアトラクションでも素晴らしいベク

図 10-1　ベクションの模式図

ション体験が可能である。

ベクションという知覚現象を文字として記録に残した最古の事例として、１８７５年にドイツの研究者（物理学者で心理学者でもあった）エルンスト・マッハ（Ernst Mach）が「桟橋から川を眺めると動いて感じる」と記載した書籍を残していること（Mach, 1875）が知られている（＊４）。

それから20年後の１８９５年、「ホーンテッド・スウィング・イリュージョン（Haunted Swing Illusion）」というタイトルの論文が、ウッドによって発表されている（Wood, 1895）。ホーンテッド・スウィングとは、20人程度が同時に巨大なブランコ状の座席に着き、そのブランコを取り囲む家の内装を模した壁、天井、地面がぐるぐると回転するというアトラクションである（図10‐２）。最古のものは、アトランティック・シティーズ・ボードウォーク（Atlantic City's Boardwalk）のアメリア・レイクで、１８９０年代初頭から稼働していたと論文に記載されている。

４　桟橋から川を眺めるという状況は、もっとずっと古い時代からあり得たものであるため、より古い時代から人類はベクションを感じていたと考えられる。しかし、１８７５年以前のそういった記述は今のところ発見できていない。

図 10-2　ホーンテッド・スウィング・イリュージョン（wood, 1895）
https://archive.org/details/magicstageillusi00hopk

私はこのベクションの専門家である。自分の電車が動いたのか？　対面する電車が動いたのか？　非風非幡である。結局動いているのは私たちの心だからだ。どういう条件では自分が動き、どういう条件では外界の方が動いていると感じるのか？　これをありとあらゆるケースで実験して試している。

ベクションを起こすために、被験者に見せる運動する刺激が大きければ、自分の方が動いていると感じやすくなる。つまり刺激の特性によって、のぼりが動くか、風が動くかの割合が変わるのである。ベクション研究では、その割合変化のためのノウハウについての実験が積み重ねられてきた。

しかし、その割合の把握それ自体は研究の目的ではない。研究の真の目的は、動く心、つまり自分自身の心の不思議を少しでも明らかにすることである。心理学では、自分が専門にするトピックが無数にある。その専門的なトピックは、あくまでもツールであり、ツールを使って、人間心理、心の謎に向き合っているのである。私にとってのベクションは心の理解に迫るためのツールなのだ。

少しだけ具体的に深掘りしよう。例えば、お酒を飲むとベクションを強く感じるようになる。この時、飲酒によって脳のどこにどのような変化（機能低下）が生じるのかは、ある程度物理的な記述ができる。

これに対応したベクションの感じ方の変化を記録する。例えば映像を60秒見せた時に、その中の何秒間でベクションを感じていたかを、ベクションを感じている間中ずっと、ボタン押しを行わせて記録する。同時に主観的な強度を0点（全くベクションを感じない）から100点（とても強くベクションを感じた）で記録する。

すると飲酒前は、60秒中で30秒間のベクション体験時間があり、主観強度は50点だったとする。飲酒後はベクション体験時間が45秒に増え、主観強度が75点に伸びたとする。飲酒時に、体の傾きを感じる器官の前庭系に関わる脳部位の機能低下を血流量の低下で数値化できる。この脳機能低下と、ボタン押し時間と、主観強度の増加を対応づけるとNCCの研究になる、という訳だ。

ベクションを感じている時、実際には身体は動いていない。しかし、身体から切り離されたような「クオリア」を被験者はありありと感じることになる。この「クオリア」感とでも呼ぶものの強さがベクションの個性であり、他の心理現象に比べての優位性であると私は思っている。

つまりベクションは、クオリア（数値化できない主観世界）により近い現象なのだ。常にハードプロブレムを頭の片隅に置いた状況で実験を実施できるのが、ベクションの魅力なのである。

ちなみに、ガリレオの地動説は、ベクションの報告であると私の師匠の伊藤裕之・九州大学教授が指摘している。太陽や星が動いている時と、地球が動いている時では、世界に現れる「動き」は同じものであり、本来どちらが動いていてもよいのだ。この時、世界の方ではなく、自分つまり地球が動いていると発想を転換させたガリレオは、地球規模のベクションに気がついた人物だったといえるのだ。ただし、ガリレオよりも100年ほど先にレオナルド・ダ・ヴィンチも地球が動いていることを指摘している。

地動説の提唱は人間の特権、つまり世界の中心に地球があるという考えを否定したために、人々はなかなか受け入れなかった。私はベクションを通して今、この本で人々に心理学的決定論という「信じていただけないであろう提案」をしている。

10-2　自分が動いているのか？　世界が動いているのか？

残念ながら心理学では「心」そのものは計測、数値化できないから、数値にして計測できる「行動」に専念して、実験を行う。現在の心理学では、行動を通して、背後にあるより本質的な心についての議論を行うことが普通である。

しかし、20世紀初頭には、心については一切議論しないという主義が隆盛を誇った時期があった。行動主義（J・B・ワトソンやバラス・スキナー等）と呼ばれるものである。

有名な事例としてスキナー箱がある。ラットを小箱に入れる。その小箱にはレバーがついており、レバーを押すと餌がもらえる。ラットはレバーを押すと餌がもらえることを学習し、レバー押しという本来のラットにはない行動が強化され、頻繁にそれを行うようになる。

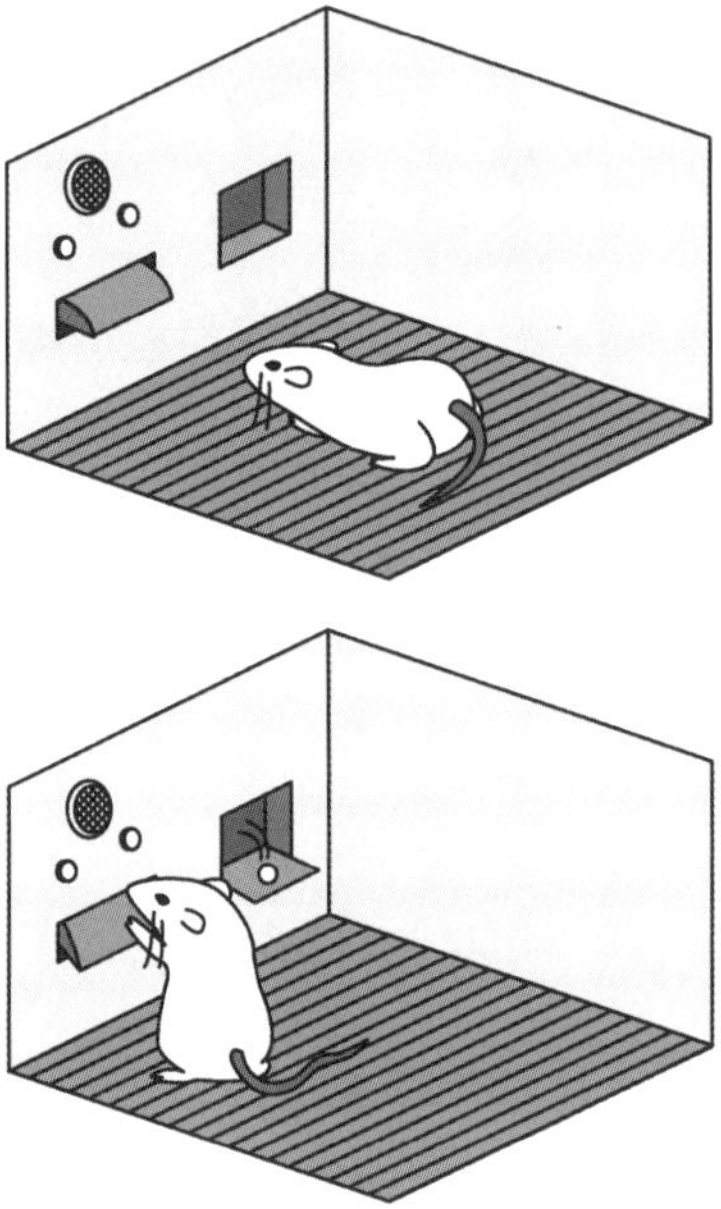

図 10-3　スキナー箱

ラットが内心でどう思っているのかは一切考えず、餌によって強化された特定の行動の頻度を記録する、という実験で、目に見える、外に現れる行動の回数のみに着目するという考え方である。

この時代は、ラットのみならず、人間に対しても、内面を想定せずに、とにかく刺激と行動に注目した。刺激を変えると行動が変わるかというSRの連合（Stimulus & Response）のみを記録・記述する心理学だったのである。

余談だが、役者の本木雅弘さんは演技に対して「気持ちを込める」ことよりもその演技の「見た目」がどうであるかを常に意識していることを述べている（『プロフェッショナル 仕事の流儀』より）。

演技にどんなに気持ちを込めたとしても、それが見た目に反映されていないならば優れた演技ではないと。見た目に気持ちが感じられているならば、役者の心のうちの感情が実際にはどうであってもよいのだと。悲しい気持ちが見た目から感じられるなら、役者は心で笑っていたってよいのである。彼の演技論はまさに心理学における行動主義であると私は思っている。

意識は訳のわからないものだから、客観的に記述できるモノのみで心を語る時代だったのだ。その後、反動も起こり、現在の心理学では意識とモノをバランスよく語る時代になっている。

しかし、私は心理学者としてさらに先鋭的になるべきではないかと思う。モノが実在で、意識が訳のわからぬものではなく、意識が確実にあるもので、モノが訳のわからぬものなのだと。

この考えは、私のオリジナルなものでは決してない。イマヌエル・カントにも同じ指摘はあるし、哲学では古典的な考え方であり、仏教では唯識である。モノと意識をひっくり返す。そして意識はただの情報に過ぎない。

自分が動いているのか？　それとも世界が動いているのか？　この両義的な刺激状況がベクションである。これを敷衍《ふえん》すれば、自分が自分の行動を選択しているのか？　それともそれを世界に選択させられているのか？　という状況に行き着く。

ベクションとは、世界の主人公が果たして「自分」だといえるのか？　という根本的な疑問に我々を晒してくれる。自分で選んだように思っていても、その実、環境との相互作用で止むに止まれずに全ての行動、選択は必然的になされているのかもしれない。我々は「自分が動いている」と思い込んでいても、それはベクションという錯覚で、実際には自分は動いていないということは十分にあり得るのだ。

これと同じで、「自分で人生の行動を選んでいる」と思い込んだとしても、その実、世界という名の「環境」から自分の行動が必然的に引き起こされているだけなのかもしれない。

ここに、ベクションと自由意志という「錯覚」「幻想」との相似形が見て取れるのである（ベクションから自由意志に迫れるのは、二つが同じ自然法則によって説明されるはずだからだ）。主と思っているものが客であり、客だったものが主である。自分の電車が動いておらず、対面の電車が動いている。たったこれだけの発想の転換が、心理学的決定論という真実につながっているのだ（＊5）。

5　ちなみに、ベクション場面では、外界も自分もどちらも動いているというケースもありうる。例えば、電車に乗っていて、自分の電車が動いているし、隣のレーンの電車も動いているというケースでは、自己移動もあり、物体移動も感じられるという状態になる。

先に紹介した受動と能動も実はグラデーションであり、中動という概念が過去にはあったという。中動態の世界はありうるのだ。この2択に絞らないというスタンスも、今後の心理学で熟考される必要があるだろう。今後の課題である。

第11章　マルクス・ガブリエルの新実在論

11-1　存在の定義

古典的哲学のみでなく、最新の21世紀の哲学においても心理学的決定論は支持されうる。ドイツ人哲学者マルクス・ガブリエルによる、新実在論がとても熱い。ガブリエルはまさに新進気鋭の哲学者であり、私より一学年若く２０２１年で41歳に過ぎないのだが、その思想と著作は世界的に高く評価されている。

彼は例えばこんな問いかけをする。私の回答事例とともに見ていこう。

Q　私はどこにいるだろうか？

A　福岡です。

Q　福岡はどこにある？

A　地球です。

Q　地球はどこにある?
A　宇宙です。
Q　宇宙はどこにある?
A　現実とされる世界に??
Q　現実とされる世界はどこにある?
A　私の意識でしょうか???

ここでガブリエルはいう。「私」とは宇宙の中に含まれる存在(部分集合)であり、同時に宇宙は「私」の中に含まれる存在(部分集合)でもある、宇宙と私はどちらが大きいのでしょうか?　と。
ガブリエルにとって存在する、実在するとは端的に左記の定義になる。

存在する　＝　なんらかの意味の場に現れる　＝　実在

図 11-1　マルクス・ガブリエル

つまり、自分の親、兄弟も、ちびまる子ちゃんも、ドラえもんも、実在するのだ。全ての空想的存在は実在する。二次元の嫁も実在する。いわゆる「実際にあるもの」と、空想や夢の中の存在は区別されないのだ。

ただし、彼の発想の面白いところは、私とあなたの「共通した場としての世界はない！」というのだ。唯識との齟齬もなく、唯識をバージョンアップさせたような哲学的思想といえるだろう。古くからの哲学の流派に括るなら、多元論的解釈といえるようだ（ちなみに、この「共通した場としての世界がない」という認識が広まれば、アイドルヲタクやアニメヲタク等の界隈で聞く「同担拒否」〈同じ推しのファンと絡みたくないという心性〉という言葉も消え、争いも減るのではないかと思う。争いも悲しみもない世界を実現したい）。

一元論とは、バールーフ・デ・スピノザなどによって進められた思想で、たった一つの実体「超対象」のみがあるという考え方である。二元論は、ルネ・デカルトで有名で二つの実体、「考える実体と物質的な実体」から世界がなっている。誤解を恐れずに端的にいえば「脳と心」である。多元論とは、ゴットフリート・ヴィルヘルム・ライプニッツなどによって提唱されており、二元論を発展させ、実体を二つのみに限定しない立場である。ガブリエルはこの立場だといえる。

11-2　唯識との相似形

自分の視野のキワは、見ることができない。「ここまでが僕の視野で、ここから先は暗黒が広がっている」という人は誰もいない。視野のキワは知覚されない。もし世界の果てを認識したいなら、その世界の外側からの視点が必要である。全てを含む世界を認識するなら、その外側に立たねばならないが、その時、世界の外側の世界に立てるならば、それは全てを含まない世界ということになってしまう。

つまり、**そんな「超越的な世界」は存在しないし、少なくとも人間には理解し得ないもの**なのだ。

多くの宗教で偶像崇拝が禁止されているのは、全てを超越したはずの存在を認識できれば、

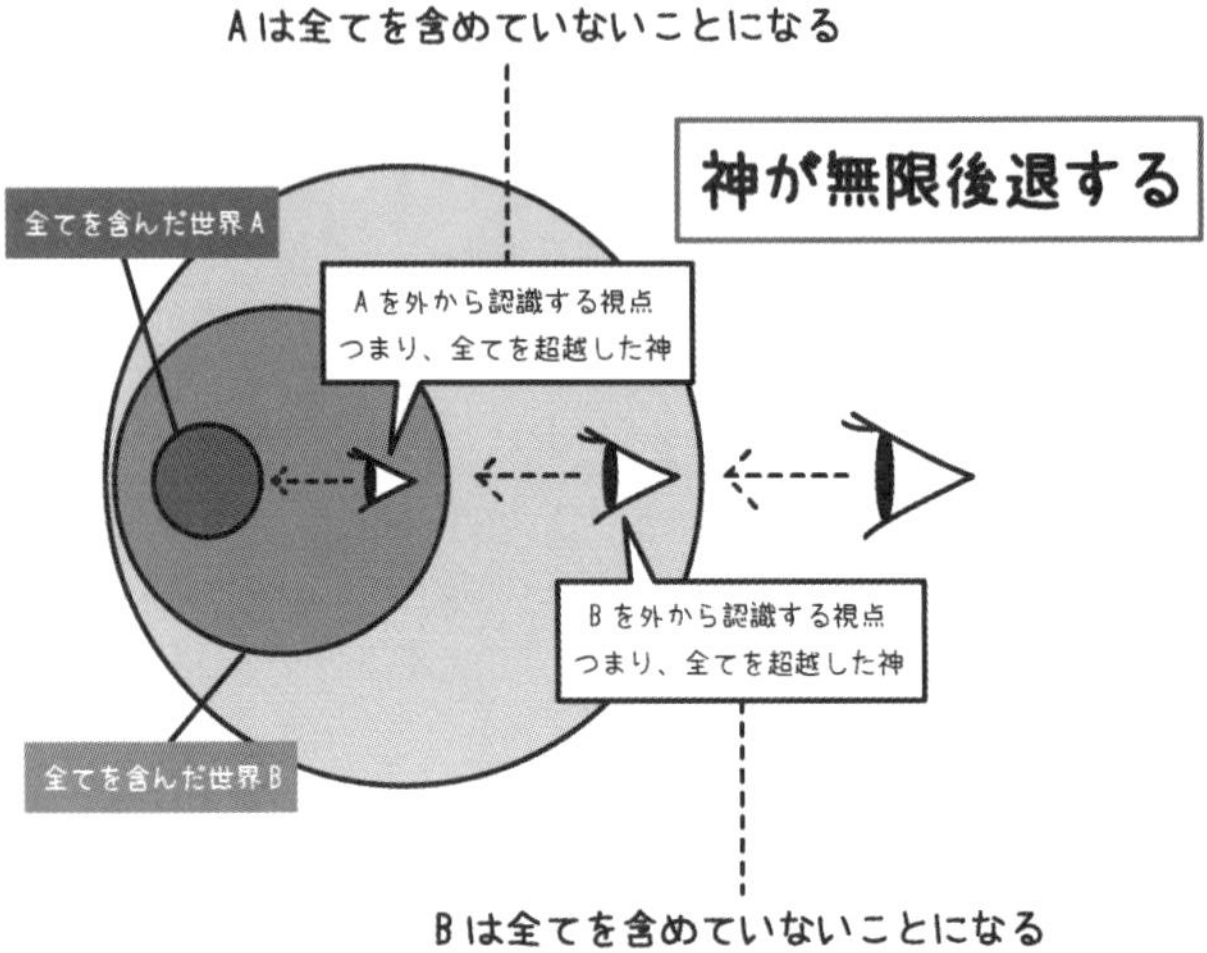

図 11-2　全てを超越した存在が実在すると想定すると、それを超えた存在や視点が無限に生じる

それはその外を想定したことになり、全てを超越していないことになってしまうからだ。認識できる時点で、それを超えた存在、世界が生まれてしまうのだ。意識の主体が無限後退するのと似ていて、全てを超越した存在が実在すると想定すると、それを超えた存在や視点が無限に生じてしまうのである。宗教は、ガブリエルの結論に数千年も前からたどり着いていたといえるだろう。

ガブリエルも「知覚は脳の中にはない」とベルクソンと全く同じ結論を導いている。「私は脳の中に閉じ込められていない」という結論にガブリエルは達する。扉がノックされた音の知覚は、脳の中だけでなく、ノックされた扉、環境、世界の中にもあるはずだと。

痛みがどこにあるのかという問題を提唱したウィトゲンシュタインの問題をガブリエルの意見を参考にして解くなら、脳だけでなく、外界、環境、世界の中といえるのかもしれない。

　ガブリエルは、これらの思想の上に、生きることについてこんなことを書いている。

「生きる意味とは、生きることに他ならない。つきることのない意味に取り組み続けること。必要のない苦しみや不幸が存在するのは事実だ。それでも、無限の意味の場に存在し続けるだけ」

　２０１９年に逝去されたジャニー喜多川氏は「Show Must Go On」という言葉を大事にされていた。「生きているうちは、生きるしかないのだ。考えずに生きろ！」という意味ではない。その反対だ。「わからないからこそ、一生考え続けろ。答えは出ないが、だからこそ考え続けろ。Show Must Go On!」私はそのように考えている。

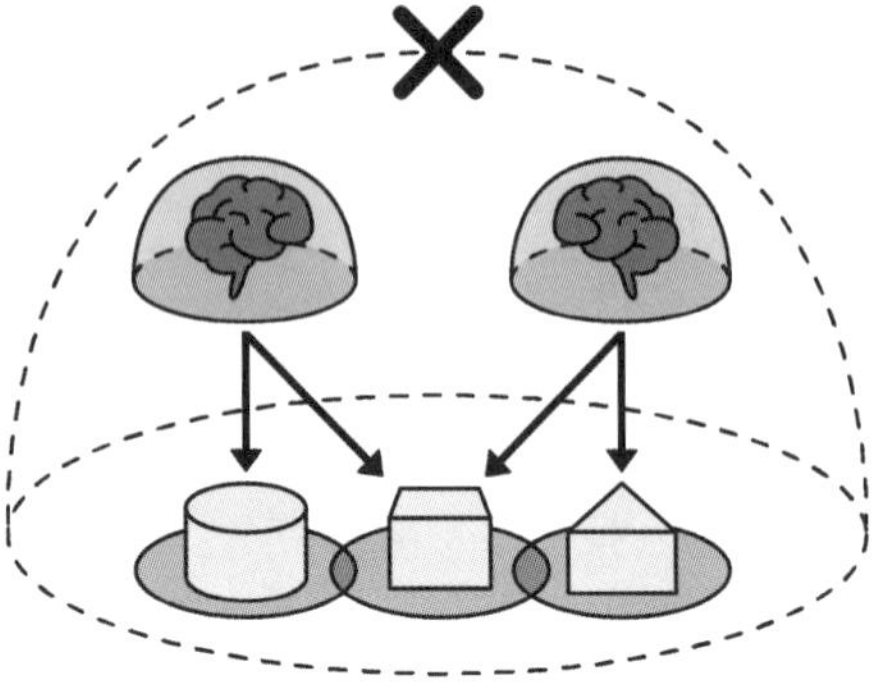

図 11-3　物理的な「共通の世界」は存在しないが、自分自身の脳が生み出すものは実在する
マルクス・ガブリエル著，清水一浩訳 (2018)『なぜ世界は存在しないのか』(講談社選書メチエ)，講談社．を参考に図を改変後に転載。

ガブリエルは共通の場としての物理的な「共通の世界」の存在を否定する。一方で、自分自身の脳が生んでいるものならば、ちびまる子ちゃんであっても、セーラームーンであっても存在すると主張する。

唯識との共通性として、自己の脳内に生み出されるものの実在性が挙げられる。世界は「自分」が作っており、自分こそが神である。そうであるならば、自分の行動も全て自分が事前に作っているようなものではないだろうか？

世界は自分自身であるから「生きることは生きること以外に他ならない」。ガブリエルのこの言葉は、自分自身が全て事前に決めた世界なのだから、日々、自由意志の錯覚を持ちながらも、ただ生きる他にすべがないと私には聞こえてくる。

心理学的決定論とは、結局自分自身が神であることを認める思想である。全ては事前に決められているが、そうしているのは自分自身なのである。ある種の自己決定が、全てにおいて事前に実行されていたのだ。

このように、ガブリエルの現代最新哲学も1000年以上前の唯識も、心理学的決定論を支える発想であるといえる。アニメ『魔法少女まどか☆マギカ』や『STEINS; GATE』で描かれた、どの世界線を選んでも変えきれない一つの結末（主人公やヒロインの死）に収束していく運命のように、心にまつわるどの領域の学問であっても、心理学的決定論という一つの結末に収斂してしまうのである。

この心理学的決定論を理解できた、という読者の方（あなた）がいる場合、あなたの世界こそが全ての世界なのだ。理解できた人の数だけ、独立した並行な宇宙（世界）が成立している。まさにガブリエルの指摘と同じである。

ただし、そうなると意識が認められる全ての存在の数だけ、並行世界があることになる。この辺り、腑に落ちない人もいるだろう。私自身、無限に近い宇宙の存在を考える時、「結局世界はどうなっているのだろう？」と思ってしまう。

つまり、世界の本質をつかむからこそ、世界がわからなくなるのである。結局人間がたどり着ける結論、結末には薄ぼんやりした霧がかかっているのかもしれない。

自分の心が世界の真実を作っているのに、自分の心で、その真実に気がつくことができない状態で我々は生まれて、育ち、日常を過ごす。なんだか変な感じである。

世界は自分の心で作っているという真実に人間は「デフォルト設定」では気がつけない。なぜなのか？　仏教でも修行をせねば、人間は解脱《げだつ》できない。なぜ神は人間に真実を覆い隠すのだろうか？　もしかすると、人間はやはり神というゲームのプレーヤーに試されているのかもしれない。「君に世界の本質がわかるかな？」と。

第12章　アートによる試み（妹尾の場合）

心理学、宗教、脳科学、哲学に加え、もう一つ人類が持っている真理探究のアプローチ方法として「アート」がある。このアートにおいても、心理学的決定論はさらに支持されうる。アートにもその相似形を見出すことが可能なのだ。

言語では表現できないことをどうすれば人に伝えることができるのか？　一つの方法論に、アート、芸術が考えられる。直感に訴えるという方法だ。空海が曼荼羅を描かせたことに通じる方法論である。そういう価値があり続けたからこそ、人間はアートを発展・進化させてきたのだろう。

科学的方法はロジカル（論理的）に心理学的決定論に漸近《ぜんきん》していくと、これまで繰り返し述べてきた。アートもそれと全く同様に、20世紀以降、心理学的決定論に漸近しているといえそうである。このことを本章で明らかにしたい。

12‐1　デュシャン「泉」の発見

ルネサンス期、レオナルド・ダ・ヴィンチ、ラファエロ、ミケランジェロらは、解剖学的に正確な人体と線遠近法を用いて、初めて精緻で写実的な人間を描いた。もちろん、それ以前のマサッチオやフラ・アンジェリコなどの作品も極めて美しいが、15世紀に到達した写実性の高さは過去の人類の域を超えていたといえる。

写実的に描くことが重視された西洋絵画は、19世紀、印象派とそれに先んじたマネらによって、物理世界の模写ではなく、主観世界を再現することこそが大事であるという思想を得た。19世紀初頭のイギリスのターナーを抽象画の源流と見ることもできるかもしれないが、19世紀末のセザンヌを経て、20世紀のピカソやブラックによって、主観世界、脳の世界を二次元のキャンバスに構築することこそがアートであり、この世界の本質を描く方法であるという思想にたどり着く。

図12-1　ピカソ「アヴィニョンの娘たち」（1907）

20世紀後半に、脳の紡錘《ぼうすい》状回《じょうかい》という部位には、

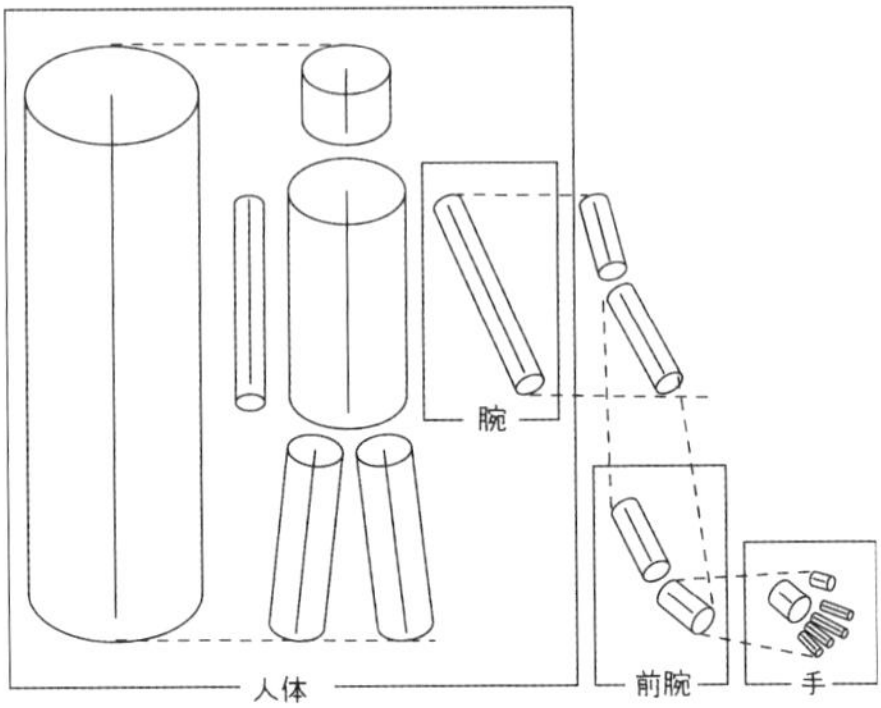

図 12-2　Marr が提案したモデル
Marr, D. (1982). Vision: A computational investigation into the human representation and processing of visual information, henry holt and co. Inc., New York, NY, 2(4.2). より図を改変の後に転載。

様々な角度から見た特定の顔に対して、選択的に反応する脳細胞（専門用語では神経細胞が発火するという）が存在していることが明らかになり、キュビズム（例えばピカソの「アヴィニョンの娘たち」や「泣く女」）の生理学的な根拠、妥当性が証明された。

同じく、モンドリアンの極めてシンプルな線分と色の組み合わせ「コンポジション」は、その後の生理学の進展で明らかになる、V1と呼ばれる第一次視覚野のニューロンの反応特性を数十年も先に予見していたといえる。

この辺りの脳科学と芸術の関係は神経科学者のセミール・ゼキの『脳は美をいかに感じるか　ピカソやモネが見た世界』と同じく神経科学者のエリック・R・カンデルの『なぜ脳はアートがわかるのか　現代美術史から学ぶ脳科学入門』の二つの名著に詳しいので、興味を持たれた方はより詳細に学んで欲しい。

もう一つ、外せないのがセザンヌの言葉だ。１９０７年に公開された「セザンヌの手紙」では「自然を球体、円筒、円錐として取り扱うこと」と書いてあった。デビッド・マー（David Marr）は視覚研究者なら誰でも知っている研究者で、その著書『Vision』は若手研究者のバイブルだ。１９８２年、彼の死後に出版された『Vision』においてマーは、全ての物体は、シンプルな円筒に還元することができると記載している。マーよりも何十年も早く、セザンヌはそのことを指摘していたのである。

アートで脳に迫るというのがこの数年、心理学で流行している。しかし、実際にアートで迫れるのは、脳ではなく、もっと先だ。哲学であり思想でありこの世界の真実なのだ。

そして20世紀中盤に、デュシャンによってアート史上最大ともいえる発見、発展がなされる。レディメイド（既製品）の便器を美術館に作品として陳列し、「泉」と名付けたのである。

デュシャンの「泉」の芸術的な価値は多様であり、とても一言ではまとめられない。しかし、あえて私なりに（素人が）簡単に説明するならば、アートのアート性は物・物体に縛ら

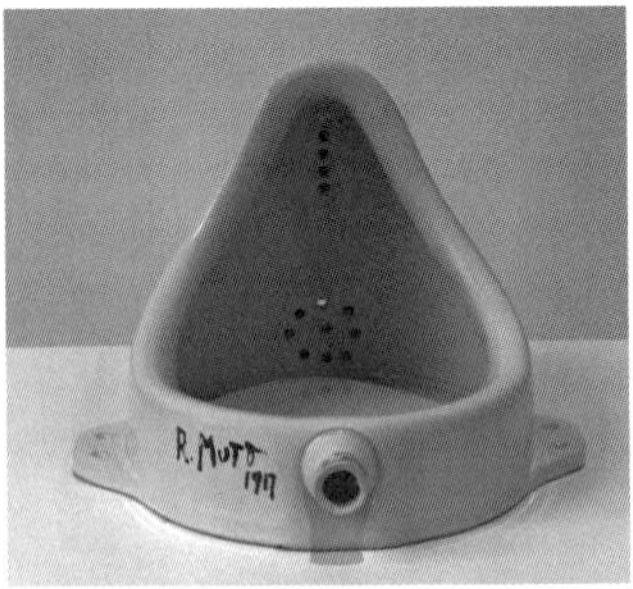

図 12-3　デュシャン「泉」。オリジナルは 1917 年だが、写真は 1963 年制作のレプリカ　提供：akg-images ／アフロ

れず「概念」「考え方（コンセプト）」こそに本質があり、物体それそのものが美しくなくとも、そこに投影された概念・考えが面白いものであれば、それは「美」として成立する、という発想の革命が、「泉」という作品だったと思う。

　つまり、アートの本質は人間の思考や思想であり、表面的な物質は媒体に過ぎないという発想の転換が起こったのである。

　デュシャンのレディメイド「泉」に相当する心理学的な発見はまだないのだろうか？　アートが科学に先んじるとすれば、「泉」というアート的な概念、思想を体現するのは、「心は情報に過ぎない」「物体に縛られない」というこの本に記載した心理学的な発見ではないだろうか、と私は思っている。

　情報こそが本質であり、外界に存在する箱、情報の乗り物にはさほど意義や意味がないということをデュシャンは、予見していたのではないだろうか？

バスキアが27歳で早世したのは、デュシャンを超えた、その先の「世界の真理」を知ったからなのかもしれない。ヘロインに依存することでしか、真理の重みに耐えられなかったのかもしれない。

発見されなかった天才ゴッホ。二度とゴッホのような失敗を生むまいと、躍起になった20世紀の美術界によって早々に発見された天才バスキア。2人は共に自死した。作家として売れるかどうか、お金があるかどうかという卑近な理由が、彼らの死を決めた訳ではないはずだ。共にその天才性で世界の真理にたどり着いた。その真理の重みは、人間の精神では支えきれなかったのかもしれない。

12-2　デュシャンを深掘りする

アンリ＝ロベール＝マルセル・デュシャンは、1887年7月27日、フランスのノルマンディー地方に生を受けている。時は、印象派が評価され、ポスト印象派と呼ばれる、セザンヌ、スーラ、ゴッホらが代表作を描いていた時期である。

図12-4　デュシャン「階段を降りる裸体No.2」（1912）　提供：akg-images／アフロ

彼を一躍有名にしたのは「階段を降りる裸体Ｎｏ．２」という１９１２年発表の作品である。これは階段を降りる女性の「運動」を表現した抽象画だ。静止画なので実際には動かないのだが、裸婦の流れるような歩行行動の動きがありありと描かれていて、絵から、裸婦の動きを錯覚的に知覚することができる。

この作品は、同時代の写真家であったジュール・マレーのクロノフォトグラフという手法で撮られた、１８８６年の「The Running Lion Tamer」という作品の影響を強く受けていることが、繰り返し指摘されている。

デュシャン自体の言葉では、絵画を網膜から自由に、時間からも自由にするという意味合いの表現がなされている。つまり、目の前に見ているものをそのまま表現するのではなく、主観的な世界を、物理的にも時間的にも静止したキャンバスに再構築することが、この絵画の目的であったことがわかる。

このような運動を暗示した静止画を心理学の世界では、インプライド・モーション（暗示された運動）と呼ぶ。

インプライド・モーションを用いた実験で面白いのが、キムとブレークが２００７年に学術雑誌「スペーシャル・ヴィジョン」誌上に発表した、脳イメージングの研究である。

彼らは、静物の抽象画と、動きを暗示した抽象画を提示し、それぞれが脳内のどこを活性化させるかを調べた。その結果、動きを暗示する抽象画では、脳の中で、実際に動いているものを見る時に活性化する部位、つまり運動を処理すると考えられている脳部位である「ＭＴ野」という場所が活動していたことがわかった。動きを感じる絵を見ている際には、実際に動きに関連する脳部位が活動していたのだ。

デュシャンは「階段を降りる裸体Ｎｏ．２」を発表する1年前に、同じ手法を使った絵「汽車の中の悲しげな青年」という作品を発表している。

この作品では、裸体に用いられた、動きの表現が初めて実験的に用いられているのだが、

図 12-5　デュシャン「汽車の中の悲しげな青年」（1911）
© Association Marcel Duchamp / ADAGP, Paris & JASPAR, Tokyo, 2021 G2466

ご存知の通り「裸体Ｎｏ．２」に比べて知名度が低い。おそらく「裸体」では、静止画による動きの表現が脳を効果的にだましているのに対して、「汽車」の方はそれがうまくできていないのではないかと思う。

　つまり、脳をだませた量の違いが、絵の評価の違いにつながっているのだ。

　そして、いよいよレディメイドである。レディメイドとは「既製品」という意味である。つまり、大量生産された作家の手が加わっていない現物に、作家の意志、メッセージを託すことで、それをアートだと主張するという試みである。「泉」と名付けられた便器は、それそのものはアートではない。しかし、デュシャンが「泉」というメッセージを添えて、美術館に展示したことで、アートになるのである。

「どこからどこまでがアートなのか」「アートであるか否かを分けるものはその裏にある想いではないか」

とても単純化していえば、現代のコンセプチュアルアートとはこういうことであり、それは、情報こそが意識であるという現在の心理学的決定論と同じ態度である。物理的な基盤に意識は縛られない。肉体や、炭素でできた基盤自体は、代替可能なものである。これは、便器に埋め込まれた情報、アイデアは、実体を失ってもよいというスタンスと全く同じなのだ。

ちなみに、「泉」に用いられたオリジナルの便器は紛失されている。一説によれば、デュシャン自身があえて紛失させたという話もある。埋め込まれた情報、意志と最も遠い物体として便器を選択したのだろう。この辺りの一連のストーリーテリングとしての巧みさがあってこその、アート性の高さである。

人間の意識も、機械に埋め込むことができるだろう。先に紹介した、コンピュータへの意識の移植、映画『トランセデンス』や『WESTWORLD』の第2部のラストや『アップロード』で予見された事実を、デュシャンは今から1世紀も前に予見していたのである。

意識とは情報であり、それこそが本質である。それを媒介している物質（情報の媒体）「キャリアー（情報の運び屋）」は何であってもよいのだ。

アートは科学より先を歩いている。科学はアートを後追いし、その確かさを認定していく。今、21世紀になりデュシャンの作ったアートも、科学的な証明がなされ始めているのだろう。

最後に注記だが、私は芸術家ではないし、芸術史を研究しているものでもない。そのため、この章でのアートの解釈は通り一遍の画一的なものである。デュシャンの解釈を取っても、専門家にいわせれば、もっと多様な見方がある。この本では、著者にとって都合のよいアートの解釈のみを提示し、論を構成している。この点は甘く見ていただければと思っているし、批判や反論はありうると思っている。

批判や反論はあるだろうが、アートも21世紀の現在、世界の本質としての心理学的決定論に漸近している。全ては事前に決まっており、それを明らかにするという作業である。従来は宗教がその役を担っていたのかもしれないが、現在、無宗教化が進む（ように見える）先進国では、代わりにアートが新しい神となる。この神は、結局は無自覚な神としての自己である。全て自分の脳内が作り出した世界であり、その世界でのやりとりは事前に決まっており、自然法則に則った情報の変動である。アートはこのことを繰り返しダイレクトに我々に提示している。「心理学的決定論」という真実を直感的に浮かび上がらせているのである。

12-3　著者（妹尾）自身のアートへの取り組み

私自身、２０１８年の３月に現代美術作家の雨宮庸介氏と、当時高校生だったキュレーターの河合菜緒さん、鮫島亀親さんと、この本に記載したことをテーマに据えて、アート作品を作り、東京の渋谷ヒカリエという場所で展覧会を行った。公益財団法人江副記念リクルート財団が主催した「びゅーVIEWビュー」展という展覧会であった（https://www.recruit-foundation.org/view3/）。

図12-6　雨宮庸介、河合菜緒、鮫島亀親「視られる果実と果実、視る果実」

私が高校生にこの本の内容をレクチャーし、それを雨宮さんに伝えてもらい、雨宮さんが咀《そ》嚼《しゃく》、熟考、最終的に作品を作ってもらうという形のものだった。

心理学者と芸術家を高校生キュレーターがつないだのである。そこで作った作品が図12-6の写真のようなものだった。作品のタイトルは**「視られる果実と果実、視る果実」**である。

芸術作品を解説するのは野暮だが、この本の内容を正しく理解していれば、この作品の意味がわかるのではないだろうか？

壁から出た手が、黒い林檎を持っている。近くで見ればわかるが、手も林檎もあたかも本物のようである。しかし、壁も実物だから、そんなことはありえないはずだ。

答えをいってしまうと、この手は本物であり、林檎は偽物だ。実は壁全体がフェイクなのだ。扉もフェイクだ。実際の壁の手前に偽物の壁を立てて、間の空間に人を配置して、あらかじめ開けてあった穴から手を出し、黒い林檎をつかんでいるのだ。

壁ごとフェイクにしてまで、雨宮さんが伝えたかったことはなんだったのか？

私なりに解釈すると、まずすでに述べたが、林檎の「正しい色」などない（この点はカントの『純粋理性批判』に詳しい）。3色覚が2色覚よりも正常であるとする根拠もない。ただ、3色覚者の方がマジョリティーで、2色覚者が数の問題でマイノリティーであるというだけのことである。それに、他の動物にはもっと違う色に見えている。

もし「外界」「物理的な世界」があるとしても、我々にはそれを知る、見る、すべはない。どんなに近づいて見てみても、触ったとしても、脳の中で作られた情報でしかない。もし本物の林檎があるとして、それを提示できるなら、それは神である。

日常にある林檎という、他愛もない存在一つとっても、世界の不思議、人間にはアクセスできない真実への謎が突きつけられているのだ。

図12-7　田口佳月のインスタレーション作品。展示の様子を撮影した映像コンテンツを妹尾研究室のYouTubeチャンネル（https://www.youtube.com/channel/UCljP8luiIihKCWEExOEsIAA）にて公開しています

壁の向こうにもし本当の世界、神が知る世界があるならば、この林檎（手渡される物体が旧約聖書における「禁断の果実」を意味する林檎である点にも注意！）を受け取ることで、あなたはそちらの世界を知るのかもしれない。そして、実際に知ったのかもしれない。ただし、知った後に神が記憶を上書きし、真実にまつわる記憶だけすっぽり消されて、また時間的に辻褄が合うように、元の世界に戻されたた

のかもしれない。

同じようなコンセプトの妹尾ラボの卒業制作についても紹介したい。2021年1月に、田口佳月さんが制作したインスタレーション作品である。

この空間では、様々な色のカラーフェイスシールドを被った状態で、過去から現在につながる様々な手法で描かれた絵画を見るという体験がなされる。同時に空間全体が、周期的に変わる様々な色の照明で照らされる。色というものを徹底的に相対化し、他者の知覚と自分自身の知覚の断絶に思いをはせてもらうという作品になっている。

アートという方法を使えば、この本に書いた全ての仮説、考えを短時間で直感的に、多くの人に「体験」してもらえる。これがアートの素晴らしさだと私は思っている。そして、今後もこういった活動を続けていきたいと思う。

岡本太郎は、「芸術は爆発だ!」といった。まさにその通りである。その爆発には音はなく、脳の中で静かに激しく起こるものである。太郎は「縄文土器論」という科学論文を執筆するほど、理知にとんだ人物であった。知性と芸術性は同時に成し得るものなのである。いやむしろ、ほぼ同義である。脳の中に起こる激しく音のしない爆発を、人生の中で何度体験できるのかが、我々が生きる中で大事なことであり、そういった体験をこの本が提供できていれば幸甚である。

ちょっとやそっとでは信じられない世界の真実に対して、脳内に爆発を起こす必要がある。つまり世界は事前に全て決まっていること、自分自身の行動も世界との相互作用で全て事前に決まっていることへの爆発的な気づきが必要なのである。

世界の主体は意識であり、モノは客体だ。このベクション的な発想の転換、主客の転換が全ての入り口である。意識とは、結局のところ複雑な情報に過ぎず、物理法則によって決まった振る舞いを取っている。

岡本太郎や多くの芸術家は膨大な試作の中で、この真実に気がついていたのだろう。私はこの本で、こねくり回して同じことを主張し続けている。アートであれば、より本能的に、直感的に、この真実を観客に伝えることが可能である。

心理学的決定論が受け入れがたいという読者の皆さんには、この本を捨て、現代アートの数々を美術館で体感することでも同じ結論に至れることを進言して、この章を終えたい。

第13章　Cutting Edgeな時代に生きる

13-1　世界の本質は「情報」

アートの一分野として、文学が挙げられる。この文学においても、心理学的決定論が示唆されている。

『ダ・ヴィンチ・コード』で有名な作家、ダン・ブラウンの『オリジン』では、世界の本質に気がついた科学者が殺されることから冒険が始まる。

科学者がたどり着いた本質とは何か？　ネタバレになるが、それは「生命とは情報の量を増やすことから自然に発生した」という事実だった。生命の誕生とその後の進化に一貫して流れている法則とは、「生命は情報の量を増やすように運命付けられている」というものだったのだと。

意識や、生命の背後にある法則は、実はいたってシンプルなものなのかもしれない。ただもし、数式で記述できるような意識の自然法則がわかったとしても、その神の意志がそもそもなぜ存在するのか？　はわからないのかもしれない。ダン・ブラウンがいうところの、情報のエントロピーを増やすという神の意志がなぜあるのかはわからない。ビッグバン以前の意識についてもわからない。

生命はどこで誕生したのか？　そして、どのように我々人間まで進化したのか？

これについてもまだまだ人間は十分な理解を成し遂げていない。深海の熱水噴出孔や地底の岩石の中で、原始生命が生まれたという説や、隕石に付着したなんらかの生物が、宇宙から地球にもたらされたという説もある。

0・0002ミリ程度の極小なCPR（Candidate Phyla Radiation）と呼ばれる原始生命体が昨今世界中（深海や鉱山など）で見つかっている。CPRは遺伝子の数が少なすぎるため、なぜ生命維持活動ができているのかさえ、その理由がわかっていない。CPRのような極小の原始生命が、いかにして真核生物になったのかもまだわかっていない。

ミトコンドリアを体内に取り込むなどの、原始生物同士での共生から真核生物が生まれたという仮説（MK - D1というアーキアと呼ばれる生物の一種が、ミトコンドリアとの共生を選んだことで、真核生物への進化が起こったという仮説）はあるが、まだ具体的な進化の道筋は見えていない。謎だらけであるが、生物、生命は意識の法則に則って「情報を増やそう」としているようである。

ここにこの本の結論を書く。**意識とは情報であり、生命とはその情報を増やすために配置された「なにがしか」（存在）である。**この世界の本質は情報なのだ。

しかし、ビッグバン以前の世界とは何か？　この世界は誰が作ったのか？　という問題は残ったままだ。

私たちが生きているうちに、この問題は解かれるのだろうか。人類には到達不能な地点なのか。いずれにしても、諦めずに残りの人生を生きるしかないようである。

それにしても、なぜこれほどまでにカッティングエッジ（「刃先」という意味の英語。転じて「最先端」「過激な」という意味）な時代を我々は生きているのか？

意識が情報なら、それを火星に飛ばせば移住が可能になる。そんな時代。人工知能が意識を用いるかもしれないタイミングで、クオリア問題にぶつかった脳科学。印象派、キュビズムを経てレディメイドを出し、爆発的に自由になったアート。縄文時代ならば、1万年もの間「この矢尻がイケてる」くらいしか知的好奇心は揺さぶられなかっただろう。ものすごい時代に生きている我々、そのことに感謝したい。

あまりにもすごい時代ゆえに、自分を主人公にした（『トゥルーマン・ショー』的な）仕組まれた世界であると感じてしまう。私のために、あなたもあなたの友人も演技をしているのではないか？　いつか、おそらく死んだ後に、ネタバラシのフェーズが訪れて、人生ドッキリでした！　という看板を持った野呂圭介（『元祖どっきりカメラ』）が私の前に現れるのではないか？　本気でそんなことを思ってしまうのだ。

13‐2　「心を見出す」のは我々の自由

ＡＩ美空ひばりが、２０１９年の大晦日《おおみそか》に日本をざわつかせた。私は、美空ひばりは生きているといえると思う。同じく『スター・ウォーズ』では、現実世界では死んだはずの俳優のキャリー・フィッシャーが、レイア姫として映画内で蘇り、違和感のない演技でスクリーンにＶＲ的に登場していた。人物であっても、その情報が残れば生きていることができる時代がやってきた。

武田信玄は、死後3年間、その死を隠せと遺言した。死しても存在が他者に信じられるならば、その人物は死なないのではないだろうか？

少なくとも、我々が投影する心は存在し続けられる。ＡＩ美空ひばりに涙した観客も沢山いた。つまり、投影する心が十分に成り立つだけの情報がＡＩ美空ひばりには存在したのだ。美空ひばりは生きているのだ。

なにをもって存在となすかがとてもあやふやになっている。肉体という物理面に今はまだ重きが置かれている。しかし、情報に重きを置く日が来れば、美空ひばりが生き返ったのと同じ仕組みで我々は永遠の命を手にするだろう。

図 13-1　美空ひばり

ａｉｂｏに心を見出すのとＡＩ美空ひばりに心を見出すのは同じである。そしてそれは、あなたが友人や恋人に心を見出す行為と大差はない。与えられる情報の量に違いこそあれど、見出し方は根本的に、本質的に同じなのだ。

哲学的ゾンビの存在を思い出して欲しい。誰しも、自分以外のなにがしかに「心がある」ことは証明できない。我々が投影する心があるのみだ。そしてその「心」は、見出す側、投影する側に全く依存している。

石器時代の人間がａｉｂｏを見たら、まさに「生きている、心を持っている」と思うだろう。数千年後にさらなる技術によって生み出されたＡＩ美空ひばりを考えれば、僕たちはまだ石器時代の人間に近いのかもしれない。

心を見出すことは自由であり、その権利は見出す側が持っている。ＡＩなんかに泣くな！とかａｉｂｏを愛すな！と命令する権利は第三者にはない。

一方で、ＡＩ美空ひばりを一言で「冒涜《ぼうとく》」と評したのが、同じ音楽家の山下達郎氏だった。彼の心には、そこに心を見出すだけの情報がなかったのだろう。このように「冒涜」つまり「心などない」と感じる権利もまた認められている。見出す側、山下達郎氏の自由なのだ。双方が自由なのだ。

ただし、なんらかの判断（心があるとかないとか）を、そう思うように第三者に押し付ける権利はないはずだ。

感動するでもなく、冒涜されたと思う訳でもなく、ＡＩ美空ひばりを美空ひばりそのものとは全く異なる「もう一つの別の可能性」として見るという態度も当然あり得る。

　マイクロソフトとオランダの金融機関ＩＮＧグループ、レンブラント博物館、デルフト工科大学などが、ＡＩに「夜警」で有名なレンブラントの作品を機械学習させ、全くオリジナルな新作のレンブラント風の人物画を２０１６年に製作した。

　日本人は、この作品に対しては、冒涜であるとか、心から感動したという態度をほとんど取らない。本物のレンブラントとは全く別のもう一つの可能性として見ることができるからだ。

図 13-2　AI が描いたレンブラントの「新作」。写真：ANP Photo ／アフロ

　今後、ＡＩによる死者の再生問題は、さらに大きな議論を巻き起こすだろう。その人物への愛情のレベル、思い入れのレベルによって、再生は愛にもなり、冒涜にもなる、そしてまた距離を取って見ることができる層も生まれる。このことが問題を複雑化し、全員が納得す

る結論にはたどり着けないだろうと私は予測しておきたい。

我々は、物体から離れて、情報として永遠にこの世界に漂い続ける権利を得始めている。そんな時代を生きていることに興奮を禁じ得ない（ぜひドラマ『アップロード』も見て欲しい）。

荒川修作は、天命反転をテーマに据えた芸術家だ。天命とはすなわち死、それを反転させる、つまり「不死」をテーマに作品を作り続けたのである。彼の直感は、間もなく実現するはずだ。

漫画『ワンピース』でDr.ヒルルクというキャラクターが「人はいつ死ぬと思う？」「人に忘れられた時さ」というセリフを発する。その意味で、岐阜にある「養老天命反転地」や「意味のメカニズム」という優れた荒川修作の作品が忘れられないならば、彼は生き続けているといえる。命とは、情報（つまり意識）が人々の記憶から完全に消し去られるまで失われないのである。

命の本質とはやはり「情報」なのだといえるだろう。

「心理学、生理学、脳科学、ＡＩ、哲学、宗教、アート、文学」を横断して見てきたが、一貫して、心理学的決定論を支持する状況証拠が集まったのではないだろうか？

これらを横断して見ることで、21世紀の新しい人類の価値観として「意識とは情報の変動に過ぎず、自然法則に従う。自由意志はなく、全ての情報の変動（つまり行動）は環境との相互作用によって事前に決まっていることである」という思想の正しさの妥当性、「らしさ」が大いに高まっていると私は思う。

この発想に至るには、知覚心理学を正しく理解し、ベクション的発想の転換で主客を入れ替える必要があった。この本では、それに必要な最低限の過程を読者の皆さんに経ていただいたつもりである。

まとめ

自由意志はなく、暴走する脳は止められない、決定論的世界観が正解であり、人間は環境との相互作用によって、刺激に対して全自動的に行動を紡ぎ出されているような存在である。ＡＩは間もなく意識を持つが、意識のメカニズムは人間には理解できないままだろう。人間はそもそも物理世界の断片にしか触れることができず、もし存在するとしたら、物理世界の全容を知っているのは神（超越的存在）のみである。

モノと心を反転させる哲学、思想である、唯識。世界とは、自分の心があるのみで、神とは自分である可能性がある。夢、量子論、唯識、決定論はほぼ同一のことを別角度から見たものともいえる。

意識とは、情報（とその統合）のことであり、万物に様々なレベルの意識が宿っている。意識に、それを記述できる万物の自然法則が見出せるならば、その法則はビッグバンから存在するはずであり、それこそが意識が０か１かの存在ではなく、幅広いレベルのグラデーションを持ったなにがしかであることを示唆している。犬や猫はいうまでもなく、ハラハラと散る枯葉にさえ、なんらかの意識は宿っているはずだ。

ベルクソン哲学に基づいても、決定論が正しく、今を持続させる不思議な力こそが、意識の自然法則なのかもしれない。そして、ベルクソンの考え方は、今現在、マルクス・ガブリエルの新実在論の形で、より現代的にアップデートされたといえる。

以上が、最新の心理学（脳科学、哲学、精神医学などの周辺領域を含めた、心理学）を学ぶことで得られた視座である。

意識とは情報であり、生命とはその情報を増やすために配置された「なにがしか」（存在）である。

心理学、生理学、脳科学、仏教、哲学、アート、文学、といった異なる取り組み方、アプローチ法によっても、たどり着く到達点は同じだった。つまり心理学的決定論であった。アプローチは違っても真理が同じであるからこそ、分野横断的に相似形が見出されたのである。

我々の自由意志とは錯覚であり、幻想である。我々の行動は全て事前に決まっている。環境と自己との相互作用による必然的な帰結が我々の行動なのである。脳が必然的に我々の行動を縛るのである。

全体的に、客観的なエビデンス不足で、思想に寄った主張だと思われるかもしれない。平たくいえば「なんだかうまく言いくるめられた」ような感覚がしている読者の方も多いだろう。もっと検証可能なエビデンスが欲しいという実証科学的な発想の方も多いかもしれない。

しかし、この本ではこれだけ領域横断して、同じ形の考え方、相似形としての心理学的決定論が浮かび上がったという、ある種の非実証科学的なエビデンスを大事にしてもらいたいと思っている。

今後、科学的なアプローチ、すなわち心理学や脳科学がこの仮説をより正しいと思わせうるような客観的なエビデンス作りをなしていくことを期待しているし、それを実現してくれる次世代の心理学者の登場に期待している。

「おじいちゃんは今何を考えているの？」

この台詞は、3歳だった私が、天井をぼんやりと眺めていた祖父に向かって発したというものだ。私にもうっすら記憶があるが、その時、3歳だったかどうかについては何も記憶がなく、定かではない。しかし、問いかけられた方の祖父は、3歳児の発話とは思えないと、非常に喜び、私が成長する過程で、何度もこのエピソードを私に語って聞かせた。祖父は、二言目には「おまえは賢い」といって私を褒めてくれた。寡黙で、体つきががっしりしており、学生時代に柔道の経験があった。決して嘘をつくようなことはなく、静かでどっしりしていた。だから、彼の言葉には、特異な説得力があった。

3歳の私は、祖父にも私と同じ「心」というものがあるはずで、ぼんやり天井を見ている時は、何かを考えているはずだと考えたのだろう。相手の心を推し量る、投影する心を祖父に見出していたのである。

祖父は実はゾンビで、この時、何も考えていなかったのかもしれない。それは原理上、私（人間）には計り知れないことだ。ただ、この祖父の喜びは、私が現在心理学者という仕事を選んでいることを規定した過去の一つであると思う。

21歳の夏、自分の生い立ちからくる辛さが、恋人との離別をきっかけに爆発し、鬱になった。自殺をする以外に自分には方法がないと思った。自殺をすることが自分の意志だった。楽になるにはそれしかなかった。中高の時にも何度となく自殺を考え、住んでいるマンションの14階から地上を眺めた。飛ぶかもしれない自分を確認するだけで、不思議と心が穏やかになり、実際に飛び出すことはなかった。リストカットでホッとする心理とおそらく同じだったのだろう。

21歳の夏、脱法ドラッグとアルコール度数の高い酒をまとめて大量に摂取すれば死ねるという方法をウェブページで知った。闇サイトで脱法ドラッグが購入できることがわかったので、一人暮らしの小さな家から徒歩で、閑静な住宅街に行き、とある電柱の下で売人を待った。アジア系のおじさんがやって来て、2万円と引き換えにブツを受け取れた。帰宅して、深夜にウイスキーの大瓶と、ドラッグをまとめて摂取した。死にたいという自由意志を実行したのだ。

だが、2日後に目を覚ましてしまった。致死量を計算して飲んだつもりだったが、部屋が黄土色の血でいっぱいだった。意識が飛んだ後に、全身から出せるものを出したようだ。そのため意識が戻ってしまった。もしかすると、本当に死のうとは思っていなかったのかもしれない。無意識に助かる行動(内臓から血が出るような嘔吐)をとってしまったのだから。

自分の意志の力とはなんなのか? 自分は生かされている。死ねなかった自分を今動かしているのは、本当に自分なのか? ずっとそんな感情を持っている。自分ではどうすることもできない「もっとずっと大きな力」に動かされているだけではないか? そんな気持ちがあった。

心理学を学び続けることで、この思いは強くなり、今では確信にも似た感情を抱いている。それは神ではない。この世の真実というべきものだ。この本は、そんな私のマスターベーション的な思想書だ。

心理学的決定論を信じることとは、世界の美しさを減らすだろうか？　どんなに頑張ってみても、結果はすでに決まっている。そのような考えは、ともすると退廃的な感情を人にもたらしかねない。努力を否定する言説に容易に結びついてしまうかもしれないし、第2章で書いた脳と犯罪と自由意志の関係は、犯罪擁護の言説に容易に悪用されかねない。

本書の主張は、退廃的に生きろというものでもないし、犯罪と犯罪者を擁護するようなものでは全くない。ここまでの言説を正しく理解されていれば、それは十分に伝わっているはずだ。正しい理解が大切であり、くれぐれも間違ったプロパガンダに利用しないで欲しい。

私は熱狂的なプロレスファンだ。プロレスは結末が決まっている、という噂がある。この噂を熱狂的ファンがしていいのかどうなのか？　これは難しい問題である（＊6）。

しかし私は、プロレスは結末ありきだから魅力のないエセスポーツだとは全く思わないし、多くのプロレスファンも決してそのようには思わないはずだ。結末が決まっていたとしても、リング上の今を輝かすために、選手は美しく躍動し、激しい痛みに顔を歪め、相手と切磋琢磨し、自分自身の限界を超えて、最終的に決められた形に終着するのである。

人生はプロレスである。

心理学的決定論が正しいならば、我々は環境との相互作用に全自動的に反応し、行動を取っていく。事前に全てのことは決まっている。しかし、だからといって人生が輝かない訳ではないし、一生懸命に生きることはやはり美しいし、楽しい。このことはくれぐれも誤解なきようにお願いしたい。

プロレスにも心理学的決定論の相似形がある。というよりも、心理学的決定論はこの世の真理であるから、この世界のどこを切り取っても、そこに相似形は潜んでいるのだ。

6　ここではあえて、冷めた目線でいうが、現代の日米を中心とした興行としてのプロレスの試合は、結末が事前に決められている可能性がゼロではないといわざるを得ない。もちろん、業界の中の人間ではないから、断定はしないしできない。さらにファン目線でいえば、結末が決まっているなんて全く思っていない。しかし、漏れ伝わる情報によれば、試合で結末が決まっていることがあるという。そうした可能性があるという事態は、ファンとして受け止めている。

アメリカの世界一のプロレス団体ＷＷＥで人気悪役レスラーだったＴＡＪＩＲＩさんの言葉が面白い。「プロレスとはスポーツではないし格闘技でもない。どちらかというと映画や漫画のような表現の世界ではないか」と彼は臆面もなくいいきる。

ＴＡＪＩＲＩさんの著書『プロレスラーは観客に何を見せているのか』（草思社、２０１９年）では、ＷＷＥで用いられていたプロレスの試合を構成していくために必要な概念である「サイコロジー」（つまり「心理学」と呼ばれる概念）が紹介されている。彼はこの概念を「人間は、こうなれば、ああする」「こうなれば、ああするはずだから、こうしていくべきだ」とわかりやすく解説している。

例えば、胸に打ち込むチョップと、胸へのドロップキックの二つを持ち技にしている場合、より攻撃力が強いドロップキックの方が、相手をやり込める可能性が高いのだから、チョップが先でドロップキックは後に出すのが正しい順序になる。他には、顔面への蹴りがフィニッシュ技の選手であれば、相手の顔が低い位置に来るように序盤で足（特に膝）への攻撃を行っておくのが正しい順序となる。このような「サイコロジー」の徹底こそがＷＷＥの成功の大きな要因だったと彼はいう。

「こうなれば、ああする」つまり、心理学における行動主義であり、SR連合主義である。こういう刺激が入れば、人間はこういう行動をする、ということである。

結局、この本の主題である**心理学的決定論**が正しいのだ。TAJIRIさんの紹介するプロレスの概念が「**サイコロジー**」と呼ばれていることと、この本で提唱した主題に「**心理学的**」とついていることは決して偶然ではない。プロレスのリングとこの世は、共に表現の場であり、外界や相手から刺激を受けて、必然的な反応が生まれる。その繰り返しが続くことで、全ての流れが生まれる。あたかも自分の意志で行動を決めているように感じるが、それは幻想であり全ては環境と身体の相互作用から生まれる脳の反応によって決まっており、それはある意味で最初から最後まで結末が書かれているのである。

映画『バック・トゥ・ザ・フューチャー3』のラストシーンで、機関車型のタイムマシンで未来から現れたマッドサイエンティストのドクと、主人公のマーティ、その恋人のジェニファーはこんなやりとりをする。

ジェニファー「未来から持ってきたこの紙、文字が消えてるんです」
ドク「もちろん、消えたのさ」
ジェニファー「でも、どういうことなんですか？」
ドク「君の未来にはまだ何も描かれていないということさ。みんなそうだ。君らの未来は君らが作り上げる。２人で良いものにするんだ」
マーティ「そうするよ、ドク」

天才ドクは、未来は白紙であり努力次第で自分で切り開いたり、変化させたりできることを前途ある若者２人に告げる。３部作のラストにふさわしい感動的なシーンである。

当時、映画館でこのシーンを見た私は非常に感動した。しかし、今私はこの考えを否定せねばならない。未来は白紙ではないと。未来は決まっている。しかし、この「白紙ではない未来」に夢がないか？　といわれれば、そんなことはないと先の段で述べた。

未来にはあなたを待っている決められた恋人がいるのかもしれない。「未来で待ってる」その恋人に対して「うん、すぐ行く、走って行く」と答える世界観にも、ロマンがあると思うのだ。あなたの未来は白紙ではないが、そうだからこそロマンがある。

心理学的決定論は、絶望ではなくて希望だ。ある種の心のセーフティネットになり得る。「命を絶ちたい」と思うことがあっても「命を絶てないと決まっている」とわかれば、「じゃあ、もう少し、辛くないように頑張ってみるか」と気持ちを前向きに反転させられるかもしれない。ものすごく辛いことがあっても「もうこれが起こることは事前に決まっていたのだ」と思えば、少し心が軽くなる気がする。

幼い頃、なぜ親は私にひどいことをするのだろうとずっと思ってきた。親が違ったら、と毎日思っていた。絶望していた過去は変えられない。しかし、過去を理解し直すことはできるし、その過去があったからこその、明るく楽しい「決まった未来」を信じることもできるではないか。

私にとって、心理学的決定論とは「救い」である。皆さんにとっても、特に今絶望の淵にいる人にとって、この思想が救いになればと思っている。

「So What !?」

「結局心理学的決定論は何に役立つの？」
「著者は私たちにどうして欲しいの？」
「心理学的決定論を標榜する目的は結局何？」

これらの問いに対して、私からは具体的な答え、思いは皆無だ。「読み物として楽しい」「アイデアとしてワクワクする」という好奇心の充足がこの本、ひいては心理学的決定論を標榜する目的であり、それ以上でも以下でもない。世界をどこかに導きたいとか、思想として正しいから信じることを読者に強制することもない。物足りないと思う読者も多くいるかもしれない。

しかし、私はそれでよいと思っている。心理学とはそういう学問だと私は思う。そして何より、冒頭で宣言した通り、結局のところ、この本は「トンデモ本」なのだ。

最後まで読んでいただけて嬉しい。私に賛同するか、マスターベーションを見せられて不快に感じるか、今度はあなた自身の番である。あなたが自分の意志のもとに、どんな反応をしたとしても、それは事前に決まっていたことだと私は思う。この本を手に取ったことすら、全ては事前に決まっていたのだから、この本が今後あなたの人生にどのように影響するのかも、いわずもがなである。

余談だが、私自身はこの思想に取り憑かれて、発狂寸前である。これは笑いを狙った言葉ではない。本当に発狂しそうである。コロナウイルスで世界が終わろうとしているのか？ちなみに、新型コロナを巡る一連の動きも、人間やその他生物の無意識の集合をなんらか反映しており、人間の深層心理の中に「パンデミックってなんか面白そうじゃない？」「どうせ死ぬのは高齢者だから私は関係ないし」という思いが無意識的に働いて、そのようにして少しずつ積み重なった「コロナを広げよう」「不安を煽ろう」とする動きが生まれ、やがて人類をその大きな渦が飲み込み、ここまで制御できない状況に我々が追い込まれたような気もしている。英国のＥＵ離脱やトランプ政権成立と同じ、圧倒的な渦である。

もし本当に世界が終焉を迎えようとしているならば、私がこの本を書いているからではないか？　全てが私という一個人を軸に終焉に向かう。なぜなら世界とは私のことだからだ。そのように考えると、発狂しかけてしまう。

夢野久作の『ドグラ・マグラ』は、わかるまで読解すれば、読者は発狂するといわれている。もちろん本当に発狂した人は極めて稀有《けう》な存在だろう。私自身、理解を途中で投げ出した。この世の中というドグラ・マグラの真理を求めることは、人間には許されていない行為なのかもしれない。

私が発狂する前に、私の思想を伝えておけば、私の後を追ってくれる人が出てくるはずだ。その人物は実在しないのかもしれず、私が発狂すれば、世界は終わるのかもしれないのだが……。そのように本気で信じている。そして発狂しかかっている。

謝辞

今回の企画は妹尾の持ち込みであった。トンデモ系の持ち込みを快く受け入れ、すぐに執筆を認めてくださった編集の三宅貴久さんに心から感謝を伝えたい。

また、初期段階の草稿に意見をくださった、友人の清水隆哉さんには心から感謝している。池畑諭さん、中村美由紀さん、石原慧理さん、佐藤信子さん、見潮美宥さん、木下珠子さん、河合菜緒さん、佐藤博太郎さん、鮫島亀親さん、飯田龍さん、中野純さん、毎週のカウンセリングをしてくださっている臨床心理士の先生、心理学ユニット「シーキビーズ」のメンバーの岸田拓也さんからも素晴らしい意見を多数いただいた。心から感謝申し上げる。この本は前記の方々の思いを乗せたものになったことで、とても改善された。

夕日は何色か？　この本をここまで読んでくださった皆さんなら「赤」とは即断できないはずだ。核戦争（第三次世界大戦）が起こり、地球に一人だけ生き残った人物が色覚異常であれば、太陽は赤くないかもしれない。そもそも「見る人がいない世界」の夕日の色は、何色ともいえない。

アートにおける制作者と鑑賞者も同じであると、デュシャンはいう。つまり製作物は、鑑賞されることがなければ、意味の場に立ち現れないのだ。鑑賞者は、製作者と共同で作品の意味を生み出すのだ。

本における執筆者と読者の関係も同じである。

この本も、読者の皆さんと執筆者である私との共作である。ここまで、熱心に読んでくださった皆さんに心から感謝を申し上げたい。「観念は画板の上に描かれた無言の絵ではない」とスピノザは著している。この本の内容をしっかりと読解されていれば、心理学的決定論が「確かだ！」という信念が、皆さんの心の中にすでに得られていると思う。

エピローグ

リベットの実験をはじめとした、心理学的決定論は、面白小話や都市伝説の類《たぐ》いとして片付けられるかもしれない。そして、その態度こそが、リベットの実験結果がダーウィンの進化論のようには、一般大衆に浸透していない理由なのかもしれない。信じるには、あまりにも「ばかげた」、あまりにも直感に反した話なのだ。しかし、「それでも地球は回っていた」ではないか。

SF的な展開に走ることももちろん可能である。我々に自由意志があるという錯覚が与えられているのも、神の意志なのかもしれない。神は、我々が操り人形であることを、自由意志の幻想を与えることで巧みに隠しているのかもしれない。

自由意志とは、神が仕組んだ「罠」なのだ。

我々は**扱える情報量の多さに応じて、自由意志の錯覚を強く与えられている**ようだ。人間の心は、植物の心よりも複雑に違いない。犬や猫の心よりも複雑であるはずだ。なぜなら人間は植物や犬や猫よりも、多くの情報を操れる。その基盤として大きな脳を発達させてきた。情報こそが意識なのだから、それをより複雑に操れるのならば、それは神の存在に近づけることを意味する。だから神は、情報の操作に長《た》けている生物には、その度合いに応じて、複雑な自由意志という錯覚を与えたのだ。複雑な心と、それに応じたより強い錯覚を与えたのだ。自分が人生の主体である、という錯覚を。

しかし我々は今、その錯覚に気がついた。私は、操り人形だが、自覚的な操り人形だ。操られていることを少なくとも自覚している。だが、操り人形であることに気がついたという、そのことさえ、神のシナリオに書いてあるのだろうか？　それとも、神に近づいた人類は何か特別な存在なのか？　決定論のシナリオを書いている神、操り人形を動かしている神と、その真実を暴露し、人間に智恵を与えている神は、別の神なのかもしれない。

地動説や進化論が世界の見方を大きく変えた。地動説も進化論も人間だけは特別であるという人間の慢心的な特権意識を失わせた。21世紀の今、我々人類には、新しく特権意識を失わせる必要がある。それは自由意志などなく、決定論が正しいという思想である。

村上春樹の小説のように、スターバックスで隣に座った女性が「私はもう席を立つから、真実を知りたいなら、私の飲みさしのコーヒーを飲みなさい」と私に告げて去っていき、真実の扉が開かれる……ようなことはいつかあるのだろうか？

真実を知れたとして、全てがリセットされ、全く新しい存在としての「物語」、例えば、オーストラリア人として全く別の温かな家庭を持った自分として、過去をフルセットで構築され、5秒前に世界が与えられ、ふと目覚めるようなことにはならないだろうか？　そんなことを思いながら、気がつくと私は眠り始めていた。

「お父さん！　お父さん！」シャーロットの呼びかける声で私は、ふと我に返った。ちょっとぼんやりしていたようだった。

シャーロットは、今描いた絵を、私に見せたかったようだ。

そこには、車を運転する自分らしき男性とシャーロットらしき女の子の絵が描かれていた。

「上手だね。シャーロットは絵がうまいね。もっと沢山描くといいよ。お父さんはシャーロットの絵が好きだよ」私は微笑みながらそういった。シャーロットは、父親の贔屓目ながら、とてもかわいらしく、女性らしく育っている。そのことに私は喜び安堵していた。

「スティーブ、ぼんやりしてるみたいね。あなたは今週頑張りすぎたのよ、ベッドで休んできてもいいのよ」妻が優しく語りかけた。

明日は、シドニーにある父親の家でパーティーがあるので、休める今、少し横になるかとステファンは考えた。先週の金曜日に納品された新車で100キロほどのドライブになる。海辺の街、ウーロンゴンからシドニーまでのドライブだ。パーティーもきっと楽しいものになるだろう。

平穏で良い日だなとステファンは思いながら、シャーロットの髪をそっと撫でた。

妹尾武治（2014）『脳がシビれる心理学』実業之日本社
雨宮庸介（2018）「視られる果実と果実、視る果実」『びゅー VIEW ビュー』展，渋谷ヒカリエ（https://www.recruit-foundation.org/view3/）
カント（Immanuel Kant）著，篠田英雄訳（1961）『純粋理性批判』岩波文庫
岡本太郎（1952）「縄文土器論」みづゑ，2

第13章

ダン・ブラウン著，越前敏弥訳（2004）『ダ・ヴィンチ・コード』角川書店
ダン・ブラウン著，越前敏弥訳（2018）『オリジン』角川書店
J・J・エイブラムス（2019）『スター・ウォーズ／スカイウォーカーの夜明け』ディズニー
荒川修作（1988）『意味のメカニズム』リブロポート
荒川修作，マドリン・ギンズ（1995）『養老天命反転地』毎日新聞社
尾田栄一郎『ONE PIECE（ワンピース）』既刊98巻（2021年2月現在）集英社

ン全集』全 10 巻・補巻 2, 大修館書店

第 10 章

妹尾武治 , 鈴木宏明（2017）『ベクションとは何だ !?』共立出版
行場次朗編集 , 太田信夫監修 , 妹尾武治（分担執筆： 8 章担当）（2018）『感覚・知覚心理学（シリーズ心理学と仕事 1)』北大路書房
妹尾武治（2016）『脳は、なぜあなたをだますのか：知覚心理学入門』ちくま新書
Mach, E. (1875). Grundlinien der Lehre von den Bewegungsempfindungen. Engelman.
Wood, R. W. (1895). The 'Haunted Swing' illusion. Psychological Review, 2(3), 277.
J.B. ワトソン著 , 安田一郎訳（1980）『行動主義の心理学　現代思想選〈6〉』河出書房新社

第 11 章

マルクス・ガブリエル著 , 姫田多佳子訳（2019）『「私」は脳ではない　21 世紀のための精神の哲学』講談社選書メチエ
マルクス・ガブリエル著 , 清水一浩訳（2018）『なぜ世界は存在しないのか』講談社選書メチエ

第 12 章

セミール・ゼキ（Semir Zeki）著 , 河内十郎訳（2002）『脳は美をいかに感じるか　ピカソやモネが見た世界』日本経済新聞出版
エリック・R・カンデル著 , 高橋洋訳（2019）『なぜ脳はアートがわかるのか　現代美術史から学ぶ脳科学入門』青土社
Marr, D. (1982). Vision: A computational investigation into the human representation and processing of visual information, henry holt and co. Inc., New York, NY, 2(4.2).
平芳幸浩（2018）『マルセル・デュシャンとは何か』河出書房新社
マルセル・デュシャン（Marcel Duchamp）, ピエール・カバンヌ（Pierre Cabanne）著 , 岩佐鉄男 , 小林康夫訳（1999）『デュシャンは語る』ちくま学芸文庫
Blake, R., & Kim, C. Y. (2007). Brain activity accompanying perception of implied motion in abstract paintings. Spatial Vision, 20(6), 545-560.

ターテインメント , ワーナー・ブラザース
吉川惣司（1978）『ルパン三世 ルパン VS 複製人間』東京ムービー新社 , 東宝
グレッグ・ダニエルズ（2020）『アップロード～デジタルなあの世へようこ そ ～』Deedle-Dee Productions, 3 Arts Entertainment, Reunion Pacific Entertainment, アマゾン・スタジオ
ジェームズ・キャメロン（2009）『アバター』ライトストーム・エンターテインメント , 20 世紀フォックス
スタンリー・キューブリック（1968）『2001 年宇宙の旅』メトロ・ゴールドウィン・メイヤー
トッド・E・ファインバーグ（Todd E. Feinberg）, ジョン・M・マラット（Jon M. Mallatt）著 , 鈴木大地訳（2017）『意識の進化的起源：カンブリア爆発で心は生まれた』勁草書房
前野隆司（2004）『脳はなぜ「心」を作ったのか 「私」の謎を解く受動意識仮説』筑摩書房
前野隆司（2013）『「死ぬのが怖い」とはどういうことか』講談社
Eccles JC (1989) Evolution of the Brain: Creation of the Self. Routledge, London.（伊藤正男訳『脳の進化』東京大学出版会 , 1990）
Eccles JC (1994) How the Self Controls Its Brain. Springer-Verlag, Berlin and NewYork
保江邦夫著、高橋康監修（2003）『量子場脳理論入門　脳・生命科学のための場の量子論』サイエンス社

第 9 章

アンリ・ベルクソン著 , 杉山直樹訳（2019）『物質と記憶』講談社学術文庫
前田英樹（2013）『ベルクソン哲学の遺言』岩波現代全書
村上靖彦 , 三宅陽一郎 , バリー・デイントン , フレデリック・ヴォルムスほか著 , 平井靖史 , 藤田尚志 , 安孫子信編集（2018）『ベルクソン『物質と記憶』を再起動する　拡張ベルクソン主義の諸展望』書肆心水
Yarrow, K., Haggard, P., & Rothwell, J. (2008). Saccadic chronostasis and the continuity of subjective temporal experience across eye movements. Cambridge University Press.
Yarrow, K. (2010). Temporal dilation: the chronostasis illusion and spatial attention. Attention and time, 137-150.
ルートヴィヒ・ウィトゲンシュタイン（1975-1988）『ウィトゲンシュタイ

ニコラス・ハンフリー著, 柴田裕之訳（2006）『赤を見る　感覚の進化と意識の存在理由』紀伊國屋書店
ロジャー ペンローズ（Roger Penrose）著, 林一訳（1994）『皇帝の新しい心　コンピュータ・心・物理法則』みすず書房
Roger Penrose (1989) The Emperor's New Mind: Concerning Computers, Minds, and The Laws of Physics. Oxford University Press.
フランシス・クリック, 中原英臣訳（1995）『DNAに魂はあるか　驚異の仮説』講談社
Francis Crick (1995) Astonishing Hypothesis. Scribner
クリストフ・コッホ著, 土谷尚嗣, 金井良太訳（2006）『意識の探求　神経科学からのアプローチ』岩波書店
Christof Koch (2004) The Quest for Consciousness: A Neurobiological Approach. Roberts & Co
Leopold, D. A., & Logothetis, N. K. (1996). Activity changes in early visual cortex reflect monkeys' percepts during binocular rivalry. Nature, 379(6565), 549-553.
Bartels, A., & Logothetis, N. K. (2010). Binocular rivalry: A time dependence of eye and stimulus contributions. Journal of vision, 10(12), 3-3.
Snyder, AW. Mulcahy, E., Taylor, JL., Mitchell, DJ., Sachdev, P. & Gandevia, SC. (2003) Savant-like skills exposed in normal people by suppressing the left fronto-temporal lobe. Journal of Integrative Neuroscience, 2, 149-158.
Seno T., Elliott, M. & Nakajima, Y. Induction of visual hallucinations by sustained flashed lights and the inhibition of them by rTMS. ASIAGRAPH 2015 Forum in Tainan Proceedings, 10, 91-92.
谷川俊太郎（2005）『シャガールと木の葉 』集英社
養老孟司, 樹木希林（出演）（2018）『NHKスペシャル 驚異の小宇宙 人体II 脳と心』NHKエンタープライズ

第8章

ジュリオ・トノーニ, マルチェッロ・マッスィミーニ著, 花本知子訳（2015）『意識はいつ生まれるのか　脳の謎に挑む統合情報理論』亜紀書房
ウォーリー・フィスター（2014）『トランセンデンス』アルコン・エン

ト映画 , スコット・ルーディン・プロダクションズ
押井守（監督）（1984）『うる星やつら２　ビューティフル・ドリーマー』キティ・フィルム , スタジオぴえろ , スタジオディーン , 東宝
押井守（監督）（2001）『アヴァロン（Avalon）』日本ヘラルド映画
押井守（監督）（2004）『イノセンス』東宝
押井守（監督）（2008）『スカイ・クロラ The Sky Crawlers』Production I.G, ワーナー・ブラザース
今敏（監督）（2002）『千年女優』マッドハウス , クロックワークス
今敏（監督）（1997）『PERFECT BLUE』マッドハウス , レックスエンタテインメント
今敏（監督）（2006）『パプリカ』マッドハウス , ソニー・ピクチャーズ・クラシックス
今敏（監督）（2004）『妄想代理人』マッドハウス , WOWOW
フジテレビ , 西村陽次郎（1995- 現在）『ザ・ノンフィクション』
赤井益久「「枕中記」校辯」（『中国古典研究　51 号』所収、2006 年）
竹田晃 , 黒田真美子編 , 黒田真美子著（2006）「枕中記・李娃伝・鶯鶯伝他」『中国古典小説選５　唐代Ⅱ』明治書院

第６章

セガ（2009）『龍が如く 3』
『この世界が仮想現実であることを示す証明式』 https://www.youtube.com/watch?v=nv7WQqJLru0&t=487s
『この世界が仮想現実であることを示す証明式（続き）』 https://www.youtube.com/watch?v=Ftpz8mQiYnQ&t=76s
Umberson, Debra, and Michael Hughes. "The impact of physical attractiveness on achievement and psychological well-being." Social Psychology Quarterly 50.3(1987): 227-236.
ダニエル・S・ハマーメッシュ（2015）『美貌格差』東洋経済新報社

第７章

ダニエル・C・デネット（1997）『解明される意識』青土社
ダニエル・C・デネット（2009）『スウィート・ドリームズ』NTT 出版
ニコラス・ハンフリー著 , 柴田裕之訳（2012）『ソウルダスト　〈意識〉という魅惑の幻想』紀伊國屋書店
ニコラス・ハンフリー著 , 垂水雄二訳（2004）『喪失と獲得　進化心理学から見た心と体』紀伊國屋書店

and persuasion: Striking while the iron is hot. Journal of Experimental Social Psychology, 38(6), 556-568.
ラリー・ウォシャウスキー & アンディ・ウォシャウスキー（1999）『マトリックス』ワーナー・ブラザース
クリストファー・ノーラン（2010）『インセプション』レジェンダリー・ピクチャーズ , シンコピー・フィルムズ , ワーナー・ブラザース
ユヴァル・ノア・ハラリ著 , 柴田裕之訳（2018）『ホモ・デウス 下 : テクノロジーとサピエンスの未来』河出書房新社
E. フラー・トリー著 , 寺町朋子訳（2018）『神は、脳がつくった　200 万年の人類史と脳科学で解読する神と宗教の起源』ダイヤモンド社
ウィリアム・ハーディー・マクニール（1967）A World History, (Oxford University Press, 1967, 2nd ed., 1971, 3rd ed., 1979, 4th ed., 1999)（『世界史』増田義郎 , 佐々木昭夫訳 , 新潮社 , 1971 年／中央公論新社〈増訂版〉, 2001 年／中公文庫〈上下〉, 2008 年）
ウィリアム・ハーディー・マクニール（1976）Plagues and Peoples. Anchor Press.（『疫病と世界史』佐々木昭夫訳 , 新潮社 , 1985 年／中公文庫〈上下〉, 2007 年）
ウィリアム・ハーディー・マクニール（1982）The Pursuit of Power: Technology, Armed Force, and Society since A.D. 1000. University of Chicago Press.（『戦争の世界史　技術と軍隊と社会』高橋均訳 , 刀水書房 , 2002 年 , 中公文庫〈上下〉, 2014 年）
妹尾武治（2016）『脳は、なぜあなたをだますのか：知覚心理学入門』ちくま新書
石原立也（2006, 2009）『涼宮ハルヒの憂鬱（第 1 期 , 第 2 期）』京都アニメーション
筒井康隆（1972）『家族八景』新潮社

第 5 章

多川俊映（2015）『唯識とはなにか　唯識三十頌を読む』角川ソフィア文庫
横山紘一（2011）『阿頼耶識の発見　よくわかる唯識入門』幻冬舎新書
笑い飯 哲夫（2009）『えてこでもわかる　般若心経』（ヨシモトブックス）ワニブックス
矢立肇 , 富野由悠季（原作）, 長井龍雪（監督）（2015-2017）『機動戦士ガンダム　鉄血のオルフェンズ』サンライズ
ピーター・ウィアー（監督）（1998）『トゥルーマン・ショー』パラマウン

マイケル・クライトン（1973）『ウエストワールド』メトロ・ゴールドウィン・メイヤー

TURING, I. B. A. (1950). Computing machinery and intelligence-AM Turing. Mind, 59(236), 433.

Turing, A. M. (2009). Computing machinery and intelligence. In Parsing the Turing Test (pp. 23-65). Springer, Dordrecht.

スクウェア・エニックス（2018）『ファイナルファンタジーXV ロイヤルエディション - PS4』

ライプニッツ（Leibniz）著, 谷川多佳子訳, 岡部英男訳（2019）『モナドロジー 他二篇』岩波文庫（ゴットフリート・ヴィルヘルム・ライプニッツ『モナドロジー』1714年）

第4章

『北岡明佳の錯視のページ』（立命館大学、北岡明佳教授のHP）
http://www.ritsumei.ac.jp/~akitaoka/

Kuriki, I., Ashida, H., Murakami, I., & Kitaoka, A. (2008). Functional brain imaging of the Rotating Snakes illusion by fMRI. Journal of vision, 8(10), 16-16.

Ashida, H., Kuriki, I., Murakami, I., Hisakata, R., & Kitaoka, A. (2012). Direction-specific fMRI adaptation reveals the visual cortical network underlying the "Rotating Snakes" illusion. Neuroimage, 61(4), 1143-1152.

Tomimatsu, E., Ito, H., Seno, T., & Sunaga, S. (2010). The 'rotating snakes' in smooth motion do not appear to rotate. Perception, 39(5), 721-724.

Kitaoka, A. (2013). The color-dependent Fraser–Wilcox illusion: Motion direction is reversed depending on luminance.". Illusions and delusions" talk at the Barn, Leinroden, Germany (23 August 2013).

Kitaoka, A. (2012). The Fraser-Wilcox illusion group: its phenomena and models. IEICE Technical Report, 112(168), 57-60.

Margaret Livingstone (2002) Vision and Art: The Biology of Seeing. Harry N. Abrams

Johan C. Karremans, Wolfgang Stroebe, Jasper Claus (2006) Beyond Vicary's fantasies: The impact of subliminal priming and brand choice. Journal of Experimental Social Psychology, 42, 792–798.

Strahan, E. J., Spencer, S. J., & Zanna, M. P. (2002). Subliminal priming

妹尾武治（2016）『脳は、なぜあなたをだますのか：知覚心理学入門』ちくま新書
妹尾武治（2016）『おどろきの心理学』光文社新書
スティーブン・スピルバーグ（2002）『マイノリティー・リポート』ドリームワークス, 20 世紀フォックス, クルーズ / ワグナー・プロダクションズ
Hibbeln, J. R. (2001). Seafood consumption and homicide mortality. In Fatty acids and lipids-new findings (Vol. 88, pp. 41-46). Karger Publishers.
エイドリアン・レイン（Adrian Raine）著, 高橋洋訳（2015）『暴力の解剖学 : 神経犯罪学への招待』紀伊國屋書店
デヴィッド・フィンチャー（2010）『ソーシャル・ネットワーク』レラティビティ・メディア, トリガー・ストリート・プロダクション
手塚治虫（1973-1983）『ブラック・ジャック』（週刊少年チャンピオン）秋田書店

第3章

Gunning, D. (2017). Explainable artificial intelligence (XAI). Defense Advanced Research Projects Agency (DARPA), nd Web, 2.
Samek, W. (2019). Explainable AI : interpreting, explaining and visualizing deep learning (Vol. 11700). Springer Nature.
David J. Chalmers (1997) The Conscious Mind: In Search of a Fundamental Theory (Philosophy of Mind) (Philosophy of Mind Series). Oxford University Press.
デイヴィッド・J・チャーマーズ著, 林一訳（2001）『意識する心　脳と精神の根本理論を求めて』白揚社
押井守（1995）『GHOST IN THE SHELL / 攻殻機動隊』Production I.G, 講談社, バンダイビジュアル
士郎正宗（1991）『攻殻機動隊（1）』（ヤングマガジン KCDX）講談社
リドリー・スコット（1982）『ブレードランナー』ワーナー・ブラザース
フィリップ・K・ディック著, 浅倉久志訳（1969）『アンドロイドは電気羊の夢を見るか？』早川書房
クアンティック・ドリーム（2018）『Detroit Become Human』ソニー・コンピュータ・エンタテインメント
ジョナサン・ノーラン、リサ・ジョイ（2016）『WESTWORLD』ワーナー・ブラザース

生田斗真，瑛太（出演），瀬々敬久（監督）（2018）『友罪』Happinet
薬丸岳（2013）『友罪』集英社文庫
Sartorius, A., Ruf, M., Kief, C., Demirakca, T., B A I ler, J., Ende, G., ... & Dressing, H. (2008). Abnormal amygdala activation profile in pedophilia. European archives of psychiatry and clinical neuroscience, 258(5), 271-277.
Walter, M., Witzel, J., Wiebking, C., Gubka, U., Rotte, M., Schiltz, K., ... & Northoff, G. (2007). Pedophilia is linked to reduced activation in hypothalamus and lateral prefrontal cortex during visual erotic stimulation. Biological psychiatry, 62(6), 698-701.
Pollak, S. D. (2008). Mechanisms linking early experience and the emergence of emotions: Illustrations from the study of maltreated children. Current directions in psychological science, 17(6), 370-375.
Hare, R. D. (1991) The Hare Psychopathy Checklist-Revised. Toronto, ON: Multi-Health Systems.
Hare, R. D. (1993) Without conscience: the disturbing world of the psychopaths among us. New York, NY: Pocket Books. Republished in1999 by Guilford Press, New York.（小林宏明訳〈2000〉『診断名サイコパス　身近にひそむ異常人格者たち』早川書房）
Hare, R. D. (2003) The Hare Psychopathy Checklist-Revised. 2nd ed. Toronto, ON: Multi-Health Systems.
Hare, R. D., and Neumann, C.S. (2008) Psychopathy as a clinical and empirical construct. Annual Review of Clinical Psychology, 4, 217-246.
中野信子（2016）『サイコパス』文春新書
Stieglitz, J., Trumble, B. C., Kaplan, H., & Gurven, M. (2018). Marital violence and fertility in a relatively egalitarian high-fertility population. Nature human behaviour, 2(8), 565.
トッド・フィリップス（2019）『JOKER（ジョーカー）』ワーナー・ブラザース
筑波昭（2005）『津山三十人殺し　日本犯罪史上空前の惨劇』新潮文庫
金子大栄（1981）『歎異抄』岩波文庫
鎌田慧（2013）『橋の上の「殺意」〈畠山鈴香はどう裁かれたか〉』講談社文庫
D・W・グリフィス（監督・脚本）（2009）『イントレランス』紀伊國屋書店（1916 公開）

引用および参考文献

第1章

ギルバート・ライル著, 坂本百大, 宮下治子, 服部裕幸訳（1987）『心の概念』みすず書房

ウィリアム・ジェイムズ（William James）著, 大坪重明訳（1960）『W・ジェイムズ著作集1』日本教文社.

Libet B, Wright EW Jr, Gleason CA. (1982) Readiness-potentials preceding unrestricted 'spontaneous' vs. pre-planned voluntary acts., Electroencephalogr Clin Neurophysiol. 54, 322-35.

Libet B. (2005) Mind Time: The Temporal Factor in Consciousness (Perspectives in Cognitive Neuroscience). Harvard University Press.（『マインド・タイム　脳と意識の時間』下條信輔, 安納令奈訳, 岩波書店、2005年）

戸田山和久（2014）『哲学入門』ちくま新書

Shimojo, S., Simion, C., Shimojo, E., & Scheier, C. (2003). Gaze bias both reflects and influences preference. Nature neuroscience, 6(12), 1317-1322.

Bechara, A., Damasio, H., Tranel, D., & Damasio, A. R. (2005). The Iowa Gambling Task and the somatic marker hypothesis: some questions and answers. Trends in cognitive sciences, 9(4), 159-162.

司馬遼太郎（1999）『坂の上の雲　一』文春文庫.

馬場康夫（監督）（2007）『バブルへGO!!　タイムマシンはドラム式』ポニーキャニオン

妹尾武治（2016）『脳は、なぜあなたをだますのか：知覚心理学入門』ちくま新書

妹尾武治（2016）『おどろきの心理学』光文社新書

D.R.A. ヘア（Douglas R.A. Hare）著, 塚本恵訳（2006）『マタイによる福音書』（現代聖書注解）日本基督教団出版局

第2章

Annese J., et al. (2014) Postmortem examination of patient H.M.'s brain based on histological sectioning and digital 3D reconstruction. Nature Communications, 5, Article number: 3122.

ガイ・ピアース（出演）, クリストファー・ノーラン（監督, 脚本）（2001）『メメント』東芝デジタルフロンティア

妹尾武治（せのおたけはる）
九州大学大学院芸術工学研究院准教授。東京大学 IML 特任研究員、日本学術振興会特別研究員（SPD）、オーストラリア・ウーロンゴン大学客員研究員を経て、現職。東京大学大学院人文社会系研究科（心理学研究室）修了。心理学博士。専門は知覚心理学だが、これまで心理学全般について研究及び授業を行ってきた。筋金入りのプロレスマニア。著書に『脳がシビれる心理学』（実業之日本社）、『おどろきの心理学』（光文社新書）、『売れる広告　7つの法則』（共著、光文社新書）、『脳は、なぜあなたをだますのか』（ちくま新書）、『ベクションとは何だ!?』（共著、共立出版）などがある。

未来《みらい》は決《き》まっており、自分《じぶん》の意志《いし》など存在《そんざい》しない。心理学的決定論《しんりがくてきけっていろん》

2021年3月30日初版1刷発行
2023年11月15日　　4刷発行

著　者 ── 妹尾武治
発行者 ── 三宅貴久
装　幀 ── アラン・チャン
印刷所 ── 近代美術
製本所 ── 国宝社
発行所 ── 株式会社光文社
東京都文京区音羽1-16-6（〒112-8011）
https://www.kobunsha.com/
電　話 ── 編集部03（5395）8289　書籍販売部03（5395）8116
業務部03（5395）8125
メール ── sinsyo@kobunsha.com

ISBN 978-4-334-04529-6

1111
がんを瞬時に破壊する
光免疫療法
身体にやさしい新治療が医療を変える
小林久隆

新しいがんの治療法が世界で注目を集めている。どのような治療法なのか？ 身体への負担や副作用は？ 転移・再発の可能性は？ アメリカ国立衛生研究所の日本人開発者が初めて綴る。

978-4-334-04519-7

1112
誤読のイタリア
ディエゴ・マルティーナ

イタリア文化を見つめる旅は、日本文化を再発見する旅だ。夏目漱石など日本文学を愛するイタリア人が、文化の「誤読」と「正読」についてユーモアを交えて綴った心温まるエッセイ。

978-4-334-04520-3

1113
平成・令和 学生たちの社会運動
SEALDs、民青、過激派、独自グループ
小林哲夫

2010年代、学生による社会運動はどのように繰り広げられたか？ かつての学生運動と何が違うのか？ SEALDsから過激派まで長期にわたる徹底取材による闘いの記録。

978-4-334-04521-0

1114
いつまでも親がいる
超長寿時代の新・親子論
島田裕巳

人生100年時代を迎え、私たちは「いつまでも親がいる社会」を生きるようになった。そこで新たに生じる親子関係の課題とは？「永遠のテーマ」を捉え直す、著者初の親子論！

978-4-334-04522-7

1115
死ぬまで噛んで食べる
誤嚥性肺炎を防ぐ12の鉄則
五島朋幸

誤嚥性肺炎の原因は唾液だった！ 大切なのは「歯と歯が噛み合うこと」。訪問歯科のカリスマが口腔ケアの正しい知識を解説。 口から食べることを諦めないことが、元気に繫がる！

978-4-334-04523-4

1121
ルポ 婚難の時代
悩む親、母になりたい娘、夢見るシニア
筋野茜 尾原佐和子 井上詞子
住職がサポートする「寺コン」、親が相手を探す「代理婚活」、コロナ禍での「オンライン婚活」など、十人十色の婚活模様と日本人の結婚観を共同通信の女性記者三人が徹底取材！
978-4-334-04528-9

1122
未来は決まっており、自分の意志など存在しない。
心理学的決定論
妹尾武治
「我々の自由意志とは錯覚であり、幻想である」――心理学、生理学、脳科学、量子論、人工知能、仏教、哲学、アート、文学、サブカルを横断し、気鋭の研究者が世界の秘密に挑む。
978-4-334-04529-6

1123
ドレミファソラシは虹の七色？
知られざる「共感覚」の世界
伊藤浩介
「真っ赤な嘘」は、なぜ赤色？「いろいろ」は、なぜ「色々」？音や文字に色を感じる〝共感覚〟はなぜ生じるのか。気鋭の脳科学研究者による、ヒトの認知の不思議に迫るスリリングな一冊。
978-4-334-04530-2

1124
巨人軍解体新書
ゴジキ（@godziki_55）
ファンもアンチも日本一多い球団、読売ジャイアンツの「勝利の哲学」とは。巨人軍の21世紀のスター選手たちを振り返りながら、パ・リーグへの対抗策を考える。
978-4-334-04531-9

1125
20世紀論争史
現代思想の源泉
高橋昌一郎
現代の思想を理解するためには、20世紀の偉大な知性が議論を重ねた諸問題を踏まえなくてはならない。「教授」と「助手」が時にユーモラスに対話しながら道案内を務める知の論争史。
978-4-334-04532-6

1116
日本のスポーツビジネスが世界に通用しない本当の理由
葦原一正
スポーツビジネスは特殊なビジネスではない。経営面でも海外で戦えるようになるために必要なものとは何か、スポーツに憑かれたB.LEAGUE創設の立役者が明かす熱きビジネス論。
978-4-334-04524-1

1117
大学教授、発達障害の子を育てる
岡嶋裕史
自閉スペクトラム症の息子と、自分もその傾向があった父親の日常生活奮闘記。職業柄、大量の文献を読み込み、医師、臨床心理士、役所、教師、そして世間とのズレに挑むが……。
978-4-334-04509-8

1118
渋沢栄一に学ぶ大転換期の乗り越え方
田口佳史
道徳なくして、ビジネスは成立しない。激変する時代を生きるビジネスパーソンのために、「渋沢栄一の生涯」と『論語と算盤』、そして『論語』をもとに「仕事の本質」を説く一冊。
978-4-334-04525-8

1119
資本主義から脱却せよ
貨幣を人びとの手に取り戻す
松尾匡
井上智洋
高橋真矢
「安心な生活」が失われているのはなぜか。それは〈経済の仕組み〉に問題があるからだ。経済学の論客二人と不安定ワーカーが、いま〝発明〟すべき「新しいストーリー」を提示する。
978-4-334-04526-5

1120
カラー版 王室外交物語
紀元前14世紀から現代まで
君塚直隆
時代遅れの遺物から、平和を支える存在に――現代に力を発揮する王室・皇室外交を、紀元前の中東から中世・近代の欧州、大戦前後の英王室へと辿り、日本の皇室のあり方も振り返る。
978-4-334-04527-2